F.E. Eckard Strohm

Gefährten auf dem Weg

Eine spirituelle Reise durch die Partnerschaften

F.E. Eckard Strohm

Gefährten auf dem Weg

Eine spirituelle Reise durch die Partnerschaften

Essenisches
Schulungs- und Handelszentrum
GmbH

Vorwort

Ich halte es für ein großes Privileg, dass ich das Manuskript zu diesem Buch lesen durfte, bevor es ein Buch wurde und nun erscheint. Aus meiner langjährigen Erfahrung mit Menschen durch meine Tätigkeit als Psycho- und Hypnosetherapeutin bin ich froh, jetzt dieses Buch meinen Patienten und Partnersuchenden empfehlen zu können. Es ist ein wertvoller Leitfaden für jede Art von Beziehung, egal ob als Eltern, Partnersuchende, Partner jeder Art oder Freunde. Ich wünsche allen Lesern, dass ihnen dieses Buch eine große Hilfe auf ihrem Lebensweg sei.

Christine Schmitt

Gründerin von
PLEOMA - Institut für Problem- und Konfliktlösung

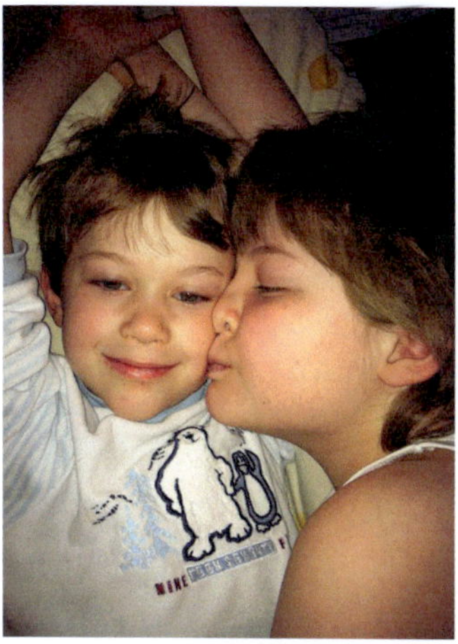

Widmung

Dieses Buch widme ich meinen beiden Söhnen David und Immanuel. Möge es ihnen später bei ihrer Partnersuche und Partnerschaft helfen.

1. Auflage 2012

Titel: Gefährten auf dem Weg
Eine spirituelle Reise durch die Partnerschaften

ISBN: 978-3-9810856-4-8

Autor: F.E. Eckard Strohm

Satz und Gestaltung: CPL, Windeck

Herstellung: BoD – Books on Demand, Norderstedt

Verlag und Vertrieb:
Essenisches Schulungs- und Handelszentrum GmbH
Geibelstr. 29
51570 Windeck
Tel. +492292 9299150 • Fax +49 2292 9299151
www.essenia.net • info@essenia.net

Inhalt

Einleitung

Seit meinem zehnten Lebensjahr ersuchen mich Menschen um Hilfe. Viele kamen und kommen, um Hilfe für ihre Partnersuche oder Partnerschaft bei mir zu erbitten. Im Laufe meiner Erfahrungen damit kam ich mehr und mehr zu dem Entschluss, ein Buch für all jene zu schreiben, die den Weg zu mir nicht finden können. Es soll ihnen helfen, ihre Probleme bei der Suche oder in der Beziehung zu verstehen und zu bewältigen. Besonders spirituell orientierte Menschen machen es sich oft schwer. Beim Schreiben dieses Buches galt ihnen meine besondere Aufmerksamkeit.

F.E. Eckard Strohm

Was ist Spiritualität? –
Was ist Bewusstsein?

Wer sich eines Tages mit Spiritualität beschäftigt, weil er mehr über den Sinn des Lebens erfahren will, wird immer wieder mit den Begriffen Spiritualität und Bewusstsein konfrontiert. Fragt man einen Esoteriker, um was für ein Bewusstsein es denn eigentlich geht, so lautet die Antwort meist, dass es nicht direkt um Bewusstsein geht sondern um Bewusstseinserweiterung.

Bewusstseinserweiterung? Welches Bewusstsein soll ich denn erweitern und wie? Wachbewusstsein? Unterbewusstsein? Überbewusstsein? Spätestens da ist der Anfänger verwirrt.

Bewusstsein ist ein wesentliches Merkmal in der Spiritualität. Man darf es aber nicht mit Wissen verwechseln. Es ist vielmehr das Endprodukt, die Quintessenz aus Erkenntnis, Empfinden und handelnder Erfahrung. Wer ein solches Bewusstsein bei sich selbst entwickelt und dieses auch lebt, ist automatisch spirituell.

Bewusstsein ist ein oft benutztes Wort, wenn es um Spiritualität geht und besonders in esoterischen Kreisen. Aber was genau ist Bewusstsein, wann ist jemand bewusst und damit auch spirituell?

Bewusstsein wird meistens mit Wissen verwechselt, ist tatsächlich aber viel mehr, nämlich das Ergebnis von Verstehen, Handeln und Empfinden, von Körper, Kopf und Bauch. Es ist erforderlich, etwas wirklich und tief zu verstehen und es darüber hinaus auch gefühlsmäßig zu erfassen und zu verarbeiten, wobei vor letzterem eventuell unbewusst zurückgeschreckt wird. Zusätzlich benötigt Bewusstsein das Umsetzen des Themas, von dem Bewusstsein erlangt werden soll, in Handlung. Nur die konkrete Erfahrung über Handeln führt dann zu echtem Verstehen und entsprechender Gefühlsprägung bzw. Gefühlserfassung.

Die kosmische Regel hierzu lautet:

Nach einer Erkenntnis muss das Handeln erfolgen. Erfolgt kein Handeln, erfolgt Leid.

Theoretiker werden also nie von etwas Bewusstsein erlangen und spirituell werden und wirklich spirituell leben können. Spiritualität ist keine Beschränkung auf vergeistigtes Leben, bei dem man den Boden unter den Füssen und damit den Bezug zur Realität verliert, sondern vielmehr aktives Leben! Spirituell ist nicht zuletzt, wer bewusst handelt und durch Handeln Bewusstsein erlangt. Bewusstsein ist „bewusstes Sein". Bewusstes Sein bedeutet auch zu lernen, hinter die Dinge zu schauen. Es bedeutet auch, völlig frei von Vorurteilen zu sein und offen für alles was kommt. Ein Glas, welches gefüllt ist, kann man nicht mit mehr füllen. Je leerer ein Glas ist, desto mehr passt hinein. So ist es auch bei uns Menschen. Je leerer wir von spirituellem Wissen sind, desto mehr können wir uns füllen lassen. Das Problem ist nur, dass gerade im spirituellen Bereich so viel Unsinniges auf dem „Markt" ist, dass es sehr schwer fällt, das Richtige von dem Unsinn zu unterscheiden. Gerade für Anfänger ist es oft gar unmöglich. So passiert es, dass man mit falschen Lehren gefüllt wird und es oft lange dauern kann, bis man dieses erkennt. Oft kommt diese Erkenntnis gar nicht. Ein Grund dafür ist das fehlende Wissen der Menschen über bestimmte Vorgänge im menschlichen Gehirn und über die Macht des Unterbewusstseins. Doch dazu später mehr.

Stellen Sie sich einen Feuerwehrmann vor. Er mag vielleicht nicht spirituell sein, aber was er tut, tut er absolut

bewusst, und deshalb ist er ein gutes Sinnbild für Bewusstsein als Charakteristikum von Spiritualität.
Er kennt die Gefahren genau, er weiß genau, welche Kräfte bei welchem Feuer wirken, wann, wo und wie er handeln muss. Er hat sich dieses Wissen in seiner Ausbildung angeeignet. Darüber hinaus hat er es natürlich auch oft genug handelnd geübt und ausprobiert, dabei konkrete Erfahrungen gesammelt, einschließlich blauer Flecken und kleinerer Knochenbrüche. Seine Erfahrungen und Handlungen wiederum haben ihm ein genaues Gefühl für seine Arbeit vermittelt. Er identifiziert sich gefühlsmäßig mit seiner Arbeit und Rolle als Feuerwehrmann und er kennt darüber hinaus auch genau die Empfindungen bei einem Einsatz, hat vielleicht mit Ängsten gerungen und sie überwunden.
Ein Feuerwehrmann, hochkonzentriert vor seinem Einsatz, ist in diesem Moment sehr viel bewusster als viele Esoteriker, die das Wort ständig in den Mund nehmen und mit Wissen verwechseln.
Hat nun jemand ein solches Bewusstsein von sich selbst (wer bin ich?), so ist er/sie sicher auch spirituell. Er kennt sich selbst genau, es gibt keine größeren blinden Flecken und unbewussten Stellen. Daher gibt es auch keine Hindernisse zum spirituellen Kern in ihm, zumal dieser ebenfalls Objekt seiner Selbstbetrachtung und Selbstkritik ist. Er hat nun Selbst-Erkenntnis und ist sich seines Selbstes bewusst, ist also selbst-bewusst. Und das Selbst ist wiederum der Träger und Ausdruck von Spiritualität. In dieser Weise hängen Spiritualität und das spirituell-Sein mit Bewusstsein zusammen.

Unser Bewusstsein

Wir unterteilen unser Bewusstsein in:

Überbewusstsein
Wachbewusstsein
Unterbewusstsein

Unser Überbewusstsein
Es verfügt über übersinnliches Wissen, und auch wenn viele Menschen nicht an eine Wiedergeburt glauben - die meisten Menschen tun es - so hat es doch Zugriff auf alle Informationen unserer vergangenen Leben, was in der Hypnosetherapie sich leicht beweisen lässt.

Unser Wachbewusstsein
In diesem Bewusstseinszustand hat unser Verstand seine Heimat. Durch den Verstand ist unsere Wahrnehmung auf die Vorgänge um uns herum gerichtet und wir nehmen eingeschränkt wahr, was um uns herum passiert.

Unser Unterbewusstsein
Es ist unser machtvollstes Instrument. Seine Aufgabe besteht darin, im Zusammenspiel mit unseren Programmen das Überleben zu gewährleisten. Hierzu gehört, dass es versucht, unsere Ängste und Probleme zu lösen und unsere Wünsche zu erfüllen.
Für seine Aufgabe verfügt es über den größten Supercomputer der Welt – unser Gehirn. Wenn wir mit der heutigen vorhandenen Technik einen Computer bauen wollten, der die Leistungsfähigkeit eines menschlichen Gehirns hätte, so wäre dieser so groß wie mehrere Fußballfelder und hätte eine Stromrechnung in Milliardenhöhe.

Und dieser Supercomputer steht zu hundert Prozent unserem Unterbewusstsein zur Verfügung, gepaart mit dieser riesigen Datenbank. Jede Wahrnehmung, auch jene, die wir nur unbewusst aufnehmen, wird abgespeichert und steht in der Datenbank zur Verfügung. Stellen Sie sich vor, dass Sie in einer Stadt durch die Fußgängerzone bummeln. Sie nehmen bewusst nur wahr, was Ihr Verstand zulässt. Aber all die Informationen, welche Ihnen über die Sinnesorgane zufließen, sind nicht gleich jenen, die Sie bewusst wahrnehmen. Die Frau, die Ihnen begegnet und deren Parfümgeruch für Sie nicht bewusst wahrnehmbar ist; der Gang des Mannes, der an Ihnen vorbei geht; die Schrift, welche Sie im Vorbeigehen zufällig erhaschen, weil sich gerade jemand eine Notiz macht. Alles wird von uns unbewusst wahrgenommen und abgespeichert.
Es handelt sich um eine unzählige Ansammlung von Daten. Aber nicht nur in diesem Leben ist das so! Auch in anderen Leben haben wir solche Informationen gespeichert. Sie befinden sich in unserem sogenannten Kausalkörper, einem jener sieben Körper, die uns, einander durchdringend, als Mensch ausmachen.
Diese Unmenge an Daten ist unschätzbar!
Aber all das steht dem Unterbewusstsein zur Verfügung.
Aus diesen Daten kann das Unterbewusstsein „Theaterstücke" schreiben. Um stets auf mögliche Situationen vorbereitet zu sein, simuliert unser Unterbewusstsein ständig mit den neuesten Daten mögliche Szenarien. Dieses hilft uns zu überleben. Allerdings führt dies in der esoterischen Szene zu teilweise absonderlichen Situationen.
Menschen probieren sich als Medien und „empfangen" angebliche Botschaften. Durch ihr Nichtwissen halten sie

diese für echte Botschaften von Geistwesen oder Außerirdischen und verstehen nicht, dass lediglich ihr eigenes Unterbewusstsein Theaterstücke schreibt, um Wünsche zu erfüllen. Meist sind diese Menschen im wirklichen Leben Versager - haben nichts wirklich erreicht und sind erfüllt von dem Wunsch, etwas Besonderes zu sein. Diesen Wunsch erfüllt ihnen das Unterbewusstsein und macht sie zu „Auserwählten", zu Botschaftern höherer Mächte. Teilweise sind aus solchen Theaterstücken richtige Bewegungen entstanden wie zum Beispiel „Kryon". Viele Anhänger und Anwender zeigen hier auf, wie schwierig es oft ist, das Wirken des Unterbewusstseins zu durchschauen.

Was ist Transzendenz?

Ein im Zusammenhang mit Spiritualität fast ebenso häufig benutztes Wort wie Bewusstsein ist Transzendenz. Wer sich für spirituell oder esoterisch hält bzw. ist, nimmt dieses Wort gerne in den Mund. Es klingt in der Tat beeindruckend, doch was bedeutet es?
Etwas transzendieren bedeutet, es zu vergeistigen, in eine höhere, feingeistige bzw. feinstoffliche Form zu bringen. Jedes Transzendieren ist daher ein Ausdruck von Spiritualität und gleichzeitig ein Erzeugen von Spiritualität. Jeder sollte sich selbst als das zentrale Objekt und Subjekt von Transzendenz betrachten.
Lateinisch transcendere heißt so viel wie: über etwas hinausgehen, überqueren, überwinden und erhöhen. Transzendieren bedeutet in Anlehnung an seine lateinischen Sprachwurzeln daher allgemein, etwas in eine höhere, geistigere Form zu bringen oder auch sich selbst in solche Sphären, Welten und Bewusstseinszustände zu begeben.
Transzendent ist alles, was sich der normalen, sinnlichen Wahrnehmung entzieht. Engel sind daher transzendente Wesen. Gott ist für viele ein transzendentes Überwesen, das weit weg irgendwo im Himmel wohnt, jedenfalls außerhalb des Menschen. Religionen, die dieses Gottesbild propagieren, zeigen damit meines Erachtens aber keine Kompetenz von Spiritualität und sollten sich besser nicht als spirituell seiend rühmen. Spirituell leben und spirituelles Vorleben für andere bedarf echter eigener Spiritualität, was religiöse Amtsinhaber nicht zwangsläufig besitzen.

Die Auferstehung von Jesus zum Christus durch den Akt der Taufe im Jordan ist der klassische Vorgang der Transzendenz. Wer mit Engeln in echten Kontakt kommt, hat Kontakt mit transzendenten Realitäten.

Unweigerlich kommt es durch diesen Umgang zu einer Transzendenz der eigenen Persönlichkeit. Bei der Inkorporation der Engel handelt es sich um die einzige sichere Methode zu einem echten Kontakt. Diese Methode wurde von den Essenern (Essäer) überliefert und diese Art der Engelkommunikation wird seit 1988 wieder unterrichtet.
Jedes Einheitserlebnis, ob nun in einer Meditation, im Traum oder in dieser physischen Realität, ist ein Erlebnis von Transzendenz. Das Erleben der All-Einheit mit All-Dem-Was-Ist stellt hier die höchste Form dar.
Spiritualität und Transzendenz gehören aber auch zum normalen Leben. So lässt sich zum Beispiel die Psyche transzendieren, wie die Analytische Psychologie von C.G. Jung beweist. Löst jemand ein seelisches Problem durch den Glauben an Gott, durch spirituelle Praktiken oder spirituelle Psychotherapie und kann er das Thema dann auf konstruktive, geistigere Weise leben, so hat er das Problem transzendiert.

Transzendieren ist immer eine Form von nicht-intellektueller Vergeistigung und daher stets ein Akt der Spiritualität. Ein solcher Akt drückt Spiritualität aus und bewirkt sie zugleich.

Spiritualität und Selbst-Werdung

Jeder Mensch durchläuft einen dreiphasigen Entwicklungsprozess, bestehend aus Ich-Werdung, Selbst-Werdung und All-Eins-Werdung. Aus Sicht dieser Dreiteilung findet Spiritualität ab der Selbst-Werdung statt.

Spiritualität und spirituell zu leben lässt sich - ausgehend von einem grundlegenden menschlichen Entwicklungskonzept - verstehen und erläutern. Ganz grob und die Realität sicherlich vereinfachend, lassen sich drei Entwicklungsphasen und Lebensrichtungen bzw. Lebensphilosophien unterscheiden. C.G. Jung benannte die Ich-Werdung und Selbst-Werdung. Es gibt auch andere Bezeichnungen dafür, denn dieser Unterteilung liegt das fundamentale menschliche Entwicklungsprinzip zugrunde, das viele Weise und spirituelle Lehrer schon lange vor Jung gelehrt haben. Man könnte z.B. auch von Abstieg und Aufstieg, Involution und Evolution, Verwicklung und Entwicklung sowie von Verkörperung und Vergeistigung sprechen. Spiritualität findet ab dem jeweils Letztgenannten statt, allerdings gibt es wichtige Zusammenhänge zur vorausgehenden Ich-Phase, ohne die man nicht spirituell werden kann. Spirituell zu leben heißt auch nicht, unentwegt zu meditieren und religiöse oder esoterische Bücher zu verschlingen. Dazu später mehr.

In der Ich-Werdung baut der Mensch eine Ich-Identität und Persönlichkeit auf. Spiritualität spielt hierbei im Allgemeinen noch keine Rolle. Er nimmt soziale Rollen ein und entdeckt seine individuellen Eigenschaften und Interessen, die ihn von anderen unterscheiden. Er entwickelt klare Vorstellungen vom Leben und sich selbst. Der Ich-Werdungsmensch entdeckt aber nicht nur seine individuellen Wünsche, körperlichen und emotionalen

Bedürfnisse und Interessen, er versucht sie auch aktiv im Leben zu verwirklichen. Er geht wie die Märchenhelden hinaus in die Welt, um sich dort das „Seine" zu erobern. Der Ich-Mensch sucht, findet und verwirklicht seinen Platz im Leben und in der Gesellschaft, mehr oder weniger erfolgreich. Wie gut ihm das gelingt, ist für unsere Betrachtung nicht so wichtig. Entscheidend ist die persönliche Ausrichtung und die ist nicht spirituell, sondern ich-betont. Eine solche Ich-Phase muss nicht zwingend egoistisch-aggressiv sein, auch der Wunsch, zum Beispiel die Rolle einer Familienmutter oder eines Familienvaters einzunehmen, ist Teil dieser Ich-Werdungsphase.

Stellen Sie sich als Beispiel einen 35-jährigen Mann vor. Auf die Frage, wer er denn sei, könnte er wie folgt antworten: „Ich bin Kaufmann und Familienvater. Ich bin wie mein Vater Kaufmann geworden und das verbindet uns stark. Der Beruf gibt mir die Möglichkeit, Waren zu verkaufen und das ist es, was ich will. Ich bin in einer armen Familie aufgewachsen und genieße jetzt gemeinsam mit meiner Frau und den Kindern das nicht luxuriöse aber doch materiell sorgenfreie Leben. Nach einer Scheidung habe ich erkannt, dass die falsche Einstellung zum Geld die Liebe zerstören kann. Die Vaterrolle habe ich nur zögerlich, aber mit zunehmender Freude angenommen. Für Religion und Esoterik habe ich nicht all zu viel übrig. Ich glaube, das ist nur was für Menschen, die selber im Leben nicht zurechtkommen. Jeder ist seines eigenen Glückes Schmied. Meine Schwächen für Reisen und Wildtiere befriedige ich mit einer zusätzlichen jährlichen Urlaubssafari in Afrika, meist ohne Familie."
Dieser Mann weiß, wer er ist. Er hat seine Rolle in der Gesellschaft gefunden und hat einige seiner Ich-Wünsche

erfüllt. Seine Ich-Werdung ist also erfolgt. Spiritualität oder ähnliche Themen waren bislang uninteressant, er würde sich sicher nicht als spirituell bezeichnen.

Nach der Ich-Werdung kommt nun die Phase der Selbst-Werdung, die Spiritualität in das Leben einfließen lässt und eine stärker spirituelle Lebensausrichtung mit sich bringt.
Die üblichen Werte wie Karriere, Geld, ein möglichst befriedigendes Sexualleben, harmonische Familie, Akzeptanz im Freundeskreis usw. verlieren für unseren Mann nach einiger Zeit im Zuge des älter Werdens an Bedeutung. Es beginnt eine unruhige, nachdenkliche Suche nach etwas Anderem, einem höheren Lebenssinn, nach etwas, das über das normale und übliche Leben hinausgeht. Das bisherige Leben wird in Frage gestellt, und die Interessen verschieben sich zu Gunsten von Themen, die spirituell, esoterisch, religiös, philosophisch oder evtl. auch psychologisch sind.

Ausgelöst zum Beispiel durch den Tod des Vaters und einer nachfolgenden depressiven Phase könnte sich das Leben unseres Beispielmannes wie folgt ändern. Er eignet sich kein konventionelles Wissen mehr an wie bisher als intellektueller Kaufmann. Er liest nun gelegentlich Bücher über Philosophie, Esoterik und Spiritualität. Eigentlich nicht religiös oder spirituell veranlagt, fragt er sich jetzt, ob und welche Art von Gott es gibt. Wann ist Religion spirituell, was genau macht sie spirituell und wie hat ihn das Christentum geprägt? Wie wurde er psychologisch geprägt durch seine Eltern, war das alles Schicksal? Gibt es Reinkarnation? Seine Freunde trifft er nur noch selten und seine Hobbies gibt er weitgehend auf. Er reist zwar noch, aber nun, um fremde Kulturen und deren Lebensphilosophie zu verstehen. Welche Arten von Liebe – karmische, spirituelle Liebe usw. – gibt es und welche verbindet ihn mit seiner Frau und seinen Kindern? Gibt es ein Leben nach dem Tod? Wo ist sein Vater jetzt? All diese Fragen und Themen beschäftigen ihn jetzt und sie alle münden in spiritueller Entwicklung. Jetzt beginnt er, spirituell leben zu wollen.

Das Verhältnis von Ich-Werdung und Selbst-Werdung

Ich-Werdung und die mit Spiritualität einhergehende Selbst-Werdung finden genau genommen ständig beide gleichzeitig statt. Obwohl Ich-Werdung gerade nicht spirituell geprägt ist, ist sie dennoch eine wichtige Voraussetzung – sozusagen das Sprungbrett - für die Selbst-Werdung und deren Spiritualität.

Die beiden oben vorgestellten Phasen finden natürlich nicht streng abgetrennt hintereinander statt. Es sind ständig beide gleichzeitig wirksam, die Frage ist nur, mit welcher Verteilung der Gewichtung. Die meisten Menschen sind zeitlebens zu 90 % mit der Ich-Werdung beschäftigt. Nicht wenige erleben in der sogenannten Midlife-Crisis eine explizite Chance und Herausforderung, Selbst-Werdung anzutreten und Spiritualität anzunehmen, oder zumindest ein paar spirituelle Züge. Wirklich wahrgenommen wird diese Gelegenheit, spirituell zu werden, meist jedoch nicht.

Spiritualität und Selbst-Werdung setzt voraus, dass vorher Ich-Werdung stattgefunden hat. Es gibt da keine Abkürzung und insbesondere viele Esoteriker betreiben Weltflucht, anstatt sich ihren Themen, Problemen und verdrängten Ich-Wünschen zu stellen. Psychoanalyse und ähnliche Methoden zur Psychotherapie, deren Ziel die Bewusstwerdung unbewusster Persönlichkeitsanteile ist, ist Ich-Werdungsarbeit.

Ich-Werdung ist sinnvoll, natürlich und gut. Nur wer in allen Ehren ein echter Mensch geworden ist und diesen Becher bis zur Neige ausgetrunken hat, kann ein authentisches Selbst und echte Spiritualität entwickeln. Dass viele an dem Becher hängen und noch einen zweiten haben wollen, ist ein anderes Problem. Trotzdem, nur aus einem Saulus kann ein heiliger Paulus werden. Nur eine fertig entwickelte Raupe kann sich zu einem Schmetterling verwandeln. Nur wer ein Ich hat, hat etwas, das sich in ein Selbst verwandeln kann, und nur ein stabiles Ich kann Werkzeug des Selbst werden. Wer spirituell leben und werden möchte, sollte sich fragen, ob er denn schon ein Ich geworden ist.

Der Weg vom Ich zum Selbst

Spiritualität ist und bewirkt die Öffnung des Ich gegenüber dem Selbst und die Annahme dessen Qualitäten. Der in diesem Sinne spirituell werdende Mensch überlässt sein Ich dem Selbst, so dass es zum individuellen Ausdruck, Diener und Boten des Selbst wird. Das Ich als menschliche Wahrnehmungs- und Persönlichkeitsstruktur bleibt aber stets erhalten.

Das Ich in der Selbstwerdungsphase identifiziert sich nicht mehr mit den erworbenen und gelebten Ich-Rollen, -Wünschen und -Egoismen. Es zieht sich aus dem üblichen, mehr oder weniger körperlich-materiellen und gefühlsverhafteten Leben zurück, ohne dabei den Boden der Realität zu verlassen. Geistige Interessen gewinnen die Oberhand gegenüber dem profanen Alltagserleben. Der Betreffende wendet sich schrittweise der Spiritualität zu. Er wird mehr oder weniger spirituell in seinem Verhalten und seiner Lebenseinstellung. Er beginnt nicht nur spirituell zu denken - das ist leicht -, sondern kann auch spirituell leben. Er beginnt, sich für seine Nächsten zu interessieren und sich für sie einzusetzen. Ein echter solcher Selbst-Werdungsprozess ist keine Flucht vor der Ich-Werdung, sondern eine reife Entscheidung, die oft nur unter Schicksalsdruck stattfindet.

Das Selbst ist eine Art höheres Ich. Es ist im Gegensatz zum Ich das Ganze. Es sieht das Leben aus einer höheren, ganzheitlichen Perspektive. Das Selbst ist der spirituelle Kern in jedem Menschen. Manche definieren es auch als die Seele. Die Seele verhält sich zu Gott wie ein Sonnenstrahl zur Sonne. Sie ist ein kleiner, individueller göttlicher Funke, der persönliche Bezugspunkt zu Gott und der Spiritualität. Die Seele, das Selbst, betrachtet die ver-

schiedenen Leben wie Rollenspiele und ist sich ihrer aller gleichzeitig bewusst, da sie multidimensional sind. Es ist nicht wie das Ich hypnotisch fixiert auf ein bestimmtes Leben. Das Selbst bringt das Ich „nach Hause", es ist die Instanz in uns, die quasi von Berufs wegen spirituell orientiert ist und Spiritualität in allen individuellen Facetten verkörpert. Sinn unserer spirituellen Entwicklung ist es zu erkennen, dass wir ein Teil Gottes sind und zu IHM zurück wollen – uns zurück entwickeln müssen.
Zunächst nimmt das Ich Kontakt auf mit dem Selbst, dann beginnt es, sich mit ihm zu identifizieren und letztlich wird es eins mit ihm. Das Ich wird jedoch auch in fortgeschrittenen Phasen nicht völlig aufgesogen. Solche in östlichen Religionen oder auch Esoterik-Kreisen bisweilen betriebenen Versuche entsprechen meiner Meinung nach einer falsch verstandenen Spiritualität. Solange man als Mensch lebt, geht es nicht ohne das Ich. Es garantiert uns in unserer materiellen Welt das Überleben. Mit zunehmender Spiritualität wird es zwar immer mehr zum Gesandten, Diener und Ausführenden des Selbst, behält aber seine eigene Individualität. Das ist, als ob das Sonnenlicht durch ein individuelles Prisma oder Brennglas fällt und dadurch gebündelt wird in verschiedene Farben und Richtungen.
Stellen Sie sich einen dunklen Kreis in einem größeren hellen Kreis vor. Der kleinere Ich-Kreis dehnt sich zunehmend aus und nähert sich dem Selbst-Kreis an. Selbst wenn die beiden identisch werden sollten – was äußerst selten ist – der Kreisrand des Ich-Kreises, also die Ich-Struktur als solche bleibt bis zum Tod erhalten.

All-Eins-Werdung

Nachdem der Mensch sich vom Ich zum Selbst gewandelt hat, beginnt er eine weitere Entwicklung. Seine individuellen Lernprozesse schieben ihn in Richtung All-Eins-Werdung. Er soll begreifen, dass alles Eins ist – ein Teil Gottes ist. Wenn wir Menschen alle Teile Gottes sind, so verkörpern wir zusammen Gottes Vielfalt. Jeder Mensch ist also ein einzigartiger Ausdruck eines Aspektes Gottes - unverwechselbar - nicht nachzuahmen. Selbst wenn es den Wissenschaftlern eines Tages gelingen sollte, menschliche Klone herzustellen, so werden diese doch eine eigene Seele von Gott erhalten und so werden sie doch eine eigene Individualität besitzen.
Im Zuge der Entwicklung zur All-Einheit werden wir immer wieder mit Gelegenheiten konfrontiert, welche uns Allumfassende Liebe und Absolutes Gottvertrauen lehren sollen. Beides ist unabdinglich notwendig, um die All-Einheit zu erreichen. Diese wiederum ist der letzte notwendige Schritt zur Vollkommenheit.

Glücklich werden

Als Teile Gottes oder, um es anders auszudrücken, Kinder Gottes, haben wir Menschen einen Anspruch darauf, glücklich zu sein. Dies ist unser göttliches Recht. Gott als unser himmlischer Vater möchte wie jeder anständige Vater ausdrücklich, dass wir glücklich werden. Nur wir selber stehen uns da im Wege. Die meisten Menschen halten sich nicht für würdig, glücklich sein zu dürfen. Oft schon in der Kindheit sind sie dazu geprägt worden. Aussprüche von Eltern, Geschwistern, Lehrern und weiteren Bezugspersonen haben dazu beigetragen. „Du bist dumm. Aus dir wird nie etwas. Das steht dir nicht zu." Solche oder ähnliche Sprüche machen uns als Kindern schon klar und es prägt sich tief in unserer Psyche ein: wir werden nie glücklich sein dürfen! Wir haben kein Recht dazu. Doch dieses ist grundverkehrt. Wir dürfen und sollen glücklich sein. Ja, wir haben sogar Anspruch auf alles, was dieses Glücklichsein fördert. Hierzu gehört auch die materielle Absicherung und alles, was uns unsere Sorgen nimmt. Ganz besonders trifft dieses auch auf Partnerschaften zu. Die richtigen Partner zu finden für unser Berufsleben und für unser Privatleben, ist ein selbstverständliches Privileg. Leider geht diese Suche oft daneben. Im Beruf geraten wir genauso an die falschen Partner wie im Privatleben. Selbst die Partnerschaften mit unseren Kindern, Eltern oder Großeltern gestalten sich oft schwierig genug.

Glückliche Menschen haben ihr Leben selbst in die eigene Hand genommen. Sie meinen, ihr eigenes Glück selbst herbeiführen zu können. Dass sie auch für ihr Unglück selbst verantwortlich sind, ist ihnen bewusst. Sie suchen nicht nach Schuldigen, die sie dafür verantwortlich machen können.

Sie schaffen ein Gleichgewicht zwischen Anspannung und Entspannung in ihrem Leben, zwischen Arbeitszeit, was auch bestimmte Formen des Zusammenlebens in der Familie betrifft, und der Freizeit. Die Balance zwischen dem, was sie haben und dem, was sie wollen, zwischen Möglichkeiten und Ansprüchen versuchen sie stets einzuhalten.

Glückliche Menschen sind kreativ, flexibel und neugierig. Sie nehmen aktiv am Leben teil und öffnen sich gegenüber neuen Situationen und neuen Begegnungen mit Menschen ohne Vorurteile. Das gilt auch für neue Erfahrungen. Sie sind sensibel, spontan und produktiv. Sensibilität für Menschen und Situationen ist das Produkt von gemachten Erfahrungen, aus denen der Mensch eine Lehre gezogen hat. Spontanität ist nicht eine Eigenschaft, die man hat oder nicht hat. Auch sie lässt sich aneignen. Ich erinnere mich an einen Freund von mir, mit dem ich vor fast dreißig Jahren folgende Situation erlebte:

„Du Jürgen, ich hätte jetzt gerade Lust, mal was ganz Spontanes zu machen. Was hältst du davon, wenn wir einfach ins Auto steigen und eine Spritztour nach Köln machen?" „ Oh, das ist eine gute Idee. Ruf mich doch mal nächste Woche an!"

Von Spontanität keine Spur. Ja, nicht mal ein Hauch von Spontanität war bei ihm zu finden. Erst später habe ich durchschaut, dass er eine ganz andere Vorstellung davon hatte als ich. Nächste Woche etwas abzusprechen war für ihn schon etwas Spontanes, denn er plante immer mindestens zwei Monate im Voraus.Heute, fast dreißig Jahre später, sieht es ganz anders aus. Wenn die gleiche Situation heute wäre, säße er wahrscheinlich eher im Auto als ich. Er wäre froh, mit einem guten Grund seinem Alltag rasch mal entfliehen zu können.

Produktivität ist reine Ansichtssache. Was für den einen schon an Erfolg ausreicht, reizt den anderen zu mehr und spornt ihn erst recht an.
Am Anfang meiner beruflichen Karriere habe ich als freier Coach für große Unternehmen gearbeitet. Hierbei konnte ich genau beobachten, wie sich erfolgreiche Menschen verhalten. Der eine hat ein Geschäft unter Dach und Fach gebracht und es reicht ihm, um sich auf diesem Erfolg auszuruhen. Der andere freut sich über den Erfolg und versucht, diesen noch zu übertrumpfen und wirft sich gleich in die nächste Situation, um auch dieser einen erneuten Erfolg abzuringen. Letztendlich muss jeder für sich selber entscheiden, was für ihn ausreichend ist. Klar ist jedoch, dass, wenn ich nicht finanziell gut getragen werde, ich mich besser uchenicht ausruhe.
Ich habe auch festgestellt, dass glückliche Menschen einen Lebenssinn gefunden haben, zum Beispiel durch eine Religion oder auch durch Spiritualität. Sie sind nicht auf ihr eigenes Glück fokussiert, sondern leben und nehmen die Freuden des Lebens selbstverständlich an und mit. Gerne teilen sie ihr Glück auch mit anderen Menschen und zwar oft nicht nur mit den ihnen nahestehenden. Häufige positive Erlebnisse gehören zu ihrem Leben. Hierbei ist nicht die Intensität sondern wirklich die Häufigkeit auffällig. Sie fühlen sich bei vielen kleinen Anlässen wohl und freuen sich derer, anstatt auf das „große“ Glück zu warten.
Der Grund dafür ist, dass glückliche Menschen meist sehr realistisch in der Einschätzung ihrer Ziele und Möglichkeiten sind. Entweder senken sie ihre Ansprüche oder intensivieren ihre Anstrengungen. Sie haben Ziele, die sie erreichen wollen und mischen kurz- und langfristig Interessen, Wünsche und Lebensziele.

Glückliche Menschen sparen sich nicht auf. Sie sind zwar genussorientiert und augenblicksabhängig, aber stehen fest im Hier und Jetzt. Die Intensivierung ihrer sozialen Beziehungen findet Unterstützung durch Familie und Freunde. Außerdem glauben glückliche Menschen, dass andere Menschen sie mögen und schätzen, auch wenn es oft nicht der Wahrheit entspricht. Solch ein positives Vorurteil wird natürlich ausgestrahlt. Man behandelt andere Menschen dementsprechend positiv und dieses findet seine Resonanz im Verhalten des Gegenübers. Gute Sozialbeziehungen schaffen natürlich auch positive Erlebnisse wie Liebe, Vertrauen und Erhöhung des Selbstwertgefühls. Das verstärkt das Empfinden von Glück.
Glückliche Menschen haben bei ihren beruflichen und privaten Aktivitäten Gefühle, die dem Glück sehr verwandt sind. Solche Gefühle entstehen im Beruf, bei der Ausübung des Hobbys, bei Geselligkeiten, beim Reden, bei Sex, Sport, ins Kino gehen, Lernen, Autofahren, Musik hören usw. – generell bei Aktivitäten, die uns weder über- noch unterfordern. Sie entstehen nicht, wenn wir ausruhen oder fernsehen.

Wie wirkt Glück auf uns Menschen? Verändern wir uns, wenn wir immer wieder glückliche Momente haben oder mit unserem Leben insgesamt zufrieden sind? Oder führt Glück zu Müßiggang, Betäubung oder Passivität? Auf diese Fragen haben Glücksforscher versucht, eine Antwort zu finden. Wenn auch klar ist, dass Ursachen und Wirkungen sich nicht immer klar trennen lassen, so ist die Antwort doch – manchmal wirkt etwas auf unser Glückserleben ein. Es wird entweder erhalten oder gesteigert. Seltener ist der Fall, dass etwas unser Glück schmälert, weil glückliche Menschen optimistisch und positiv sind und deshalb solche Dinge anders – nicht so schwer – nehmen.

Dagegen bringt uns Glück viele Vorteile.

Glück fördert die psychische und physische Gesundheit.

Glück fördert kognitive Fähigkeiten, Flexibilität und Kreativität.

Zu den kognitiven Fähigkeiten eines Menschen zählen zum Beispiel die Aufmerksamkeit, die Erinnerung, das Lernen, die Kreativität, das Planen, die Orientierung, die Imagination, die Argumentation, die Selbstbeobachtung, der Wille, das Glauben und einige mehr.

Glück erleichtert das Lernen.

Glück begünstigt Moralität und beruflichen Erfolg.

Glück führt zu beglückenden Denk- und Verhaltensweisen, beispielsweise positiverem Sehen, Denken und Attribuieren. Attribuierung bezeichnet in der Psychologie sowohl die Zuschreibung von Ursache und Wirkung von Handlungen und Vorgängen als auch die daraus resultierenden Konsequenzen für das Erleben und Verhalten von Menschen. Damit wird wiederum das Erleben von Glück gefördert.

Glück bewirkt einen aktiveren Bezug zum Leben, was besonders im Alter wichtig ist.

Glück begünstigt eine hohe Bewusstheit, Sensibilität und Offenheit der Realität gegenüber.

Glück fördert eine offene, soziale Orientierung auf die Mitmenschen hin.

Glück hat eine integrierte, identitätsstützende Wirkung auf die gesamte Persönlichkeit.

Kann man das Erleben von Glück steigern, die Häufigkeit erhöhen oder auch die Intensität des Glücks vergrößern?

Es gibt Ereignisse, die dazu angetan sind, dieses zu tun.

Aber auch die persönliche Einstellung oder spirituelle Techniken wie Meditation können zu einem Ansteigen beitragen. Die sogenannte Positive Psychologie hat es sich zum Forschungsziel gesetzt, das „gute Leben“ zu analysieren. Typische Themen sind: Dankbarkeit, Vergebung, gute Taten, positives Denken und Optimismus, Lachen, Gelassenheit, Geborgenheit, Achtsamkeit und Meditation, Religiösität und Spiritualität, Sinn und Ziele, Vertrauen und Solidarität.
Sicherlich macht es auch Sinn, die Bereiche für mich selbst wichtig zu nehmen, die sich mir als Glücksquelle erwiesen haben: Beziehungen zu anderen Menschen, vor allem zu meinen Partnern und Freunden, eine gute Arbeit sowie fördernde Freizeitaktivitäten.
Wichtigste Elemente um glücklich zu sein sind unsere Partnerschaften.

Wege für eine gute glückliche Beziehung

Es gibt Tausende von Beziehungsratgebern und Expertentipps, und so scheint es eigentlich unmöglich, auf einfache Weise die Faktoren zu beschreiben, die glückliche von unglücklichen Beziehungen unterscheidet. Und doch finden sich in den Forschungsergebnissen von Beziehungsexperten oft fünf Bereiche, denen man in einer Partnerschaft Beachtung schenken sollte. Ist ein Bereich schwach ausgeprägt, wird die Beziehung in der einen oder anderen Weise anfällig, und sind es gleich mehrere, sind Konflikte und Krisen wahrscheinlicher.

Diese fünf Themen sind:
Sich kennen – wissen, wer der Partner ist.
In Verbindung sein – aufmerksam sein für den Partner, sich zuwenden.
Sich respektieren – den Partner nehmen, wie er ist.
Gleichgewicht herstellen – fair sein, gleichberechtigt sein, Macht teilen, ein Team sein.
Mit Problemen umgehen – die lösbaren Probleme lösen, miteinander Wege für die nicht lösbaren Probleme finden.

Die gute Nachricht ist: es bedarf keiner unglaublichen Anstrengung, um in der Beziehung diese Bereiche positiv zu gestalten. Wir müssen nicht auf Partnerseminare gehen oder jeden Tag in der Beziehung unangenehme Schwellen überspringen. Hat eine Beziehung positiv begonnen, kann sie so auch mit Achtsamkeit für die Beziehung und den Partner aufrechterhalten werden.
Trotzdem ist es im Alltag nicht immer einfach – wenn der Partner gestresst ist oder ich selbst gestresst bin oder wenn Sorgen oder Nöte auftauchen. Dann ist es gut, gewappnet zu sein. Dazu gibt es hilfreiche Techniken, zum

Beispiel, um angemessen miteinander zu kommunizieren oder um miteinander in Verbindung zu bleiben.
Schlussendlich geht es darum, dem Partner auch ein guter Freund zu sein. Wenn das gelingt, hat die Beziehung gute Chancen, neben den Höhen auch die Tiefen zu überstehen.
Dieses trifft für alle Partnerschaften zu, egal ob beruflich oder privat.

Sexualität ist eines unserer elementaren Grundbedürfnisse. Die sexuelle Stimulation ist im Allgemeinen angenehm. Das bedeutet leider nicht, dass Sex nie langweilig werden kann. Beim erfreulichen Sex steht nicht nur das körperliche Geschehen im Vordergrund, sondern auch, was sich im Bewusstsein der Beteiligten abspielt.
Für eine dauerhafte, erfüllende und glücksbringende Sexualität scheinen mehrere Dimensionen zu existieren:
1. Dimension: Erotik
In der Erotik können wir uns bemühen, die körperlichen Aspekte der Sexualität zu perfektionieren. Die Herausforderung kann darin bestehen, die sexuelle Aktivität vielfältiger, interessanter und herausfordernder zu machen. In diesem Bestreben sind schon früh Lehrbücher entstanden (z.B. das Kamasutra), die uns weiterhelfen wollen, diesen Teil der Sexualität zu vervollkommnen.
2. Dimension: Romantik
Eine weiter entwickelte Dimension der Sexualität beginnt, wenn die psychologischen Anteile zu den körperlichen hinzukommen. Die Werbung, der Austausch von Gefühlen, Versprechen, das Praktizieren von Verführungsritualen erweitert die Herausforderungen, wodurch Sex nicht nur angenehm wird, sondern auch Freude schenkt.

Es gibt eine Vielzahl von möglichen Ritualen und Praktiken, welche die körperlichen mit den geistigen Teilen verbinden. Ein Beispiel ist Tantra, eine Liebeskunst aus dem alten Indien, die inzwischen auch bei uns bekannter geworden ist, obwohl sie, im Westen in Seminaren angeboten, oft nur ein Vorwand dafür ist, versteckt Sexualität auszuüben.

Aber auch bereits einfache Rituale können viel zum gemeinsamen Glück beitragen. Ob es wirklich stimmt, dass Männer mehr Probleme mit der Romantik haben als Frauen, mag dahingestellt bleiben.

3. Dimension: Zuneigung

Noch mehr glücksfördernde Herausforderungen entstehen, wenn die Beteiligten neben der Erotik und der Romantik Zuneigung zum Partner spüren. Dann mag es darum gehen, ihn oder sie in ihrer Einzigartigkeit zu erkennen und zu verstehen und zu helfen, die Ziele des anderen zu erfüllen.

Männer und Romantik

Es ist nicht so, dass Männer nicht romantisch sein könnten. Sie verstehen nur den hohen Stellenwert oft nicht, den Romantik für Frauen hat. Die Bücher, die wir uns kaufen, sind ein deutlicher Hinweis auf das, was uns interessiert. Frauen geben Jahr für Jahr Millionen für Liebesromane aus. Frauenmagazine konzentrieren sich auf Liebe, Romantik und die Angelegenheiten anderer Leute bzw. darauf, welchen Sport man treiben, wie man sich ernähren und anziehen muss, um noch mehr Romantik in sein Leben zu bringen. Eine australische Studie hat ergeben, dass Frauen, die Liebesromane lesen, doppelt so oft Sex haben wie Frauen, die keine Liebesromane lesen. Umgekehrt geben Männer Millionen für Bücher und Zeitschriften aus, die ihnen technisches Know-how auf jedem möglichen Gebiet vermitteln, das mit den räumlich-visuellen Fähigkeiten zu tun hat, angefangen bei Computern und mechanischen Gerätschaften bis hin zu Beutejagdaktivitäten wie Fischen, Jagen und Fußball.
Es ist kein Wunder, dass die meisten Männer, wenn es um Romantik geht, keine Ahnung haben, was sie tun sollen. Ein moderner Mann hat kein entsprechendes Rollenmodell, an dem er sich orientieren könnte. Auch sein Vater hatte nicht gewusst, was zu tun war, denn für ihn war das Ganze nie ein Thema. Bei einem meiner Seminare erzählte eine Frau, dass sie ihren Mann gebeten habe, ihr mehr Zuneigung zu zeigen - daraufhin habe er ihr Auto gewaschen und poliert. Das zeigt eindrücklich, dass es für Männer ein Zeichen der Zuneigung ist, wenn sie „etwas tun“. Der gleiche Mann schenkte ihr zum Geburtstag einen Wagenheber und zu ihrem zehnten Hochzeitstag zwei Karten für Plätze in der vordersten Reihe bei einer Wrestling-Veranstaltung.
Vergessen Sie niemals, dass eine Frau eine Romantikerin

ist! Sie liebt Wein, Blumen, Schokolade und kleine Dinge, die ihr zeigen, dass sie geliebt wird. Zeigen Sie ihr, dass auch Sie an diese Dinge denken ... indem Sie gelegentlich darüber reden. Tagtäglich werden Millionen von smsen geschrieben und verschickt. Doch fast ausschließlich bei Frischverliebten versenden Männer auch Liebes-smse.
Zwar erfreuen sich europäische Männer und hier besonders die deutschen Männer eines guten Rufes in puncto Romantik, doch der Großteil der männlichen Erdbewohner hat einfach keinen blassen Schimmer, was Romantik ist. Frühere Generationen von Männern waren zu beschäftigt damit, sich und ihre Familien über Wasser zu halten, um sich über solche Feinheiten den Kopf zu zerbrechen. Außerdem ist das Gehirn eines Mannes auf das Technische programmiert, nicht auf das Ästhetische. Es ist nicht so, dass ein Mann es nicht versuchen würde - er versteht einfach nicht, welche Bedeutung es für eine Frau hat, wenn er ihr die Tür aufhält, ihr Blumen schickt, mit ihr tanzt, für sie kocht oder eine neue Rolle Klopapier in den Klopapierhalter einlegt. Eine Frau, die sich auf eine neue Beziehung einlässt, erwartet Romantik und Liebe. Sex ist für sie nur eine Folgeerscheinung. Bei Männern hingegen beginnt eine Beziehung häufig mit Sex, und erst danach entscheiden sie, ob daraus eine Beziehung werden kann oder nicht.

Ein paar todsichere Romantik-Tips für Männer

Für Frauen stellt es kein Problem dar, wenn es zu Liebe und Romantik kommt, doch die meisten Männer tappen dann vollkommen im Dunkeln und richten es sich daher einfach so ein, dass sie jederzeit und überall für die Liebe bereit sind. Die romantischen Fähigkeiten (bzw. der Mangel daran) eines Mannes spielen eine wesentliche Rolle dabei, ob eine Frau mit ihm Sex haben will oder nicht. Ich habe nachstehend sechs erprobte und bewährte Taktiken aufgeführt, die sowohl heute als auch vor 5000 Jahren schon die besten Resultate erbracht haben. Sie sprechen archaische Programme in uns an.

1. Achten Sie auf die Umgebung

Wenn man einmal bedenkt, wie sensibel eine Frau auf ihre Umgebung reagiert und wie stark ihre Sinne äußere Reize aufnehmen, ist es durchaus sinnvoll, dass ein Mann sich Gedanken über die Umgebung macht, in der er sich mit einer Frau treffen will. Das weibliche Geschlechtshormon Östrogen lässt eine Frau sehr empfindlich auf die Art der Beleuchtung reagieren: Schummriges Licht weitet die Pupillen, was auf Menschen beiderlei Geschlechts anziehend wirkt, und Hautunebenheiten und Falten fallen weniger auf. Die Hörnerven einer Frau sind empfindlicher als die eines Mannes, deswegen ist die richtige Musik sehr wichtig. Auch ist eine saubere, sichere „Höhle" besser als eine, zu der Kinder und andere Leute jederzeit Zugang haben. Frauen bestehen in der Regel darauf, Sex in einem abgeschlossenen Raum zu haben, woraus sich auch die heimliche Phantasie vieler Frauen erklärt, an öffentlichen Orten Sex zu haben.

2. Essen gehen oder selber kochen?

Wenn man an die Vergangenheit des Mannes als Beutejäger denkt, könnte man meinen, dass es den Männern in den Sinn kommen sollte, weibliche Urinstinkte wachzurütteln, indem sie eine Frau mit Nahrung versorgen. Hier liegt auch der Grund, warum es für eine Frau ein so bedeutendes Ereignis ist, wenn er sie zum Essen ausführt, auch wenn sie eigentlich gar keinen Hunger hat. Für sie bedeutet sein Angebot, sie mit Nahrung zu versorgen, dass sie ihm wichtig ist und ihm an ihrem Wohlbefinden und Überleben gelegen ist. Einer Frau ein Essen zu kochen spricht gewisse ursprüngliche Gefühle an, die noch in uns verankert sind, sowohl in der Frau als auch im Mann.

3. Kerze oder Kaminfeuer?
Männer haben über Jahrtausende hinweg für Frauen Holz gesammelt und es zum Brennen gebracht, und das spricht auch heutzutage noch die romantische Seite einer Frau an. Auch wenn es sich bei dem Feuer nur um ein Feuer im Gaskamin handelt, das die Frau problemlos selbst hätte entfachen können, ist es wichtig, dass er es tut, um die gewisse romantische Stimmung heraufzubeschwören. Das Feuer an sich ist dabei nicht das Wichtige, sondern die Tatsache, dass er sich um ihre Bedürfnisse kümmert.

4. Schenken Sie ihr Blumen
Viele Männer verstehen nicht, welch durchschlagende Wirkung ein Strauß frischer Blumen auf eine Frau haben kann. Der Gedanke der Männer dabei ist: „Warum soll man so viel Geld für etwas ausgeben, was nach ein paar Tagen welk ist und im Müll landet?“ Ein Mann mit seinem logischen Denken kann es noch sinnvoll finden, einer Frau eine Topfpflanze zu schenken, denn mit ein bisschen Pflege und Aufmerksamkeit hat man längere Zeit etwas davon. Eine Frau sieht das anders. Sie will einen Strauß frischer Blumen. Nach ein paar Tagen sind die Blumen welk und landen auf dem Kompost, und das gibt ihm die Gelegenheit, einen neuen Strauß zu kaufen

und so erneut die romantische Saite in ihr zum Klingen zu bringen, weil er sich wieder einmal um ihre Bedürfnisse kümmert.

5. Gehen Sie mit ihr tanzen
Es ist ja nicht so, dass Männer nicht tanzen wollten; die meisten haben einfach keinen eigenen Bereich für das Tanzen in ihrer rechten Gehirnhälfte, um den Rhythmus zu fühlen. In jeder beliebigen Aerobic-Stunde kann man beobachten, wie sich männliche Teilnehmer, sofern überhaupt welche auftauchen, abmühen, um nicht aus dem Takt zu kommen. Wenn ein Mann einen Anfänger-Tanzkurs macht und ein paar grundlegende Schritte für Rock›n›Roll und Walzer lernt, kann er sicher sein, dass er auf jeder Party bei den Frauen der Hit sein wird. Man hat Tanzen auch als die vertikale Ausführung eines horizontalen Verlangens beschrieben, und genau das ist die Entstehungsgeschichte des Tanzes: Der Tanz ist ein Ritual, das sich entwickelt hat, um Frauen und Männern die Gelegenheit zu Körperkontakt zu geben, der dann als Vorstufe zu anderen Werbungsritualen gesehen wird - wie es auch bei einigen Tierarten der Fall ist.

6. Kaufen Sie ihr Schokolade und Champagner
Diese Mischung verbindet man seit langem mit Romantik, obwohl die wenigsten wissen, warum. Champagner enthält eine chemische Substanz, die sich in keinem anderen alkoholischen Getränk findet und die den Testosteronspiegel hebt. Schokolade enthält Phenylethylamin, eine Substanz, die das Liebeszentrum im Gehirn einer Frau anregt. Erst kürzlich wurden drei neue chemische Substanzen - N-Acylethanolamine - entdeckt, die an die Cannabis-Rezeptoren im Gehirn einer Frau andocken

und in ihr der Wirkung von Marihuana vergleichbare Empfindungen auslösen. Diese chemischen Substanzen finden sich in brauner Schokolade und in Kakao, nicht aber in weißer Schokolade oder Kaffee.

Zwiegespräche

Untersuchungen bei amerikanischen Paaren haben gezeigt, dass beide Partner im Durchschnitt 5 Minuten pro Tag ernsthaft miteinander reden - das ist nicht viel, und zum sich wirklich Kennen(-lernen) ist es zu wenig! Für eine glückliche Partnerschaft braucht es Zeit für Gespräche, und zwar in „normalen“ Zeiten, also bevor dicke Luft ist.
Hier die Kurzversion der Grundordnung von Zwiegesprächen:
Wenigstens einmal in der Woche, zu einem vorab vereinbarten Termin, am besten regelmäßig am gleichen Wochentag, mit Ausweichtermin, falls etwas dazwischenkommt.

Dauer: 90 Minuten, nicht kürzer, aber auch nicht länger. Garantiert ungestört (z.B. Telefon aushängen und Handy abstellen)

Jeder spricht über das, was ihn bewegt: wie er sich, den anderen, die Beziehung und sein Leben erlebt.
Reden und Zuhören sind möglichst gleich verteilt.

Schweigen und Schweigen lassen, wenn es sich ergibt.

Bei sich bleiben: Keine Fragen. Keine Ratschläge. Jeder über sich.

Nicht erlaubt sind bohrende Fragen, Drängen, „Kolonialisierungsversuche“ oder Offenbarungszwang.

Das Ziel ist, sich wechselseitig einfühlbar zu machen. Mit das Schwierigste dabei ist, bei sich zu bleiben, nur über sich selbst zu sprechen.

Regeln für das Sprechen

1. Offen sprechen
Sagen Sie offen, was Sie bewegt. Vermeiden Sie Vorwürfe und schildern Sie einfach, womit Sie sich unwohl fühlen.
2. Sagen Sie „ich“
So bleiben Sie bei Ihren eigenen Gefühlen. Du-Sätze beinhalten meist Angriffe und führen zu Gegenattacken.
3. Bleiben Sie bei konkreten Situationen
Ihr Partner versteht so besser, was Sie meinen. Wenn Sie Verallgemeinerungen wie „nie“ und „immer“ verwenden, werden ihm wahrscheinlich sofort Gegenbeispiele einfallen.
4. Sprechen Sie konkretes Verhalten an
So vermeiden Sie es, den Partner insgesamt etwa für langweilig oder unfähig zu erklären. Denn dann müsste er sich als Person verteidigen und sich nicht ändern wollen. Über ein einzelnes Verhalten wird er dagegen mit sich reden lassen.
5. Bleiben Sie beim Thema
Alte Probleme wieder aufzuwärmen, führt nur zu neuem Streit. Die Lösung der gegenwärtigen Schwierigkeiten wird erschwert.

Regeln für das Zuhören

1. Zeigen Sie, dass Sie zuhören
Wenden Sie sich dem Partner zu und halten Sie Blickkontakt. Sie können auch durch Nicken signalisieren, dass Sie folgen. Eine andere Möglichkeit sind Ermutigungen wie: „Ich würde gerne mehr darüber hören“.
2. Fassen Sie zusammen
Wiederholen Sie mit Ihren eigenen Worten, was der Partner gesagt hat. So merkt er, ob alles richtig bei Ihnen angekommen ist und kann Missverständnisse korrigieren.
3. Fragen Sie offen
Der andere muss so antworten können, wie er es will. Schlecht ist es, wenn er sich erst gegen Unterstellungen wehren muss, etwa: „Lag das an deiner Unsicherheit?“
4. Loben Sie gutes Gesprächsverhalten
Wenn Ihr Partner sich an die Regeln hält, können Sie das ruhig erwähnen. Beispiel: „Es freut mich sehr, dass Du das so offen gesagt hast.“
5. Sagen Sie, wie Sie seine Worte empfinden
Wenn Sie mit den Äußerungen Ihres Partners nicht einverstanden sind, schildern Sie, wie es Ihnen dabei geht. Sie könnten sagen: „Ich bin verblüfft, dass Du das so siehst.“ Sagen Sie nicht: „Das ist ja völlig falsch.“ Selbstverständlich ist auch Zustimmung erlaubt.

Im Zusammenhang mit Glück stößt man immer wieder auf das Thema Achtsamkeit. Achtsam sein bedeutet, innere und äußere Vorgänge mit ungeteilter, entspannter Aufmerksamkeit zu beobachten und „das ganze Bild“ aufzunehmen. Dabei basiert Achtsamkeit auf den folgenden vier Voraussetzungen:

Über-Bewusstheit: Wir verlieren uns nicht in einer Tätigkeit, sondern sind uns bewusst, dass wir etwas Bestimmtes tun.

Nicht abgelenkt sein: Unsere Wahrnehmung wird nicht beeinträchtigt durch Grübeleien, Zukunftssorgen, Gefühle oder andere Störungen.

Neutralität: Wir beurteilen oder bewerten nicht das Wahrgenommene, auch wenn uns etwas bereits bekannt vorkommt und wir gerne auf Vorurteile oder Erfahrungen zurückgreifen möchten. Wir registrieren die Geschehnisse, ohne Gedanken oder Gefühle einzuklinken.

Perspektivenwechsel: Wir sind uns bewusst, dass unsere Sichtweise falsch, beschränkt oder einengend sein kann, weil Dinge aus unterschiedlichen Perspektiven betrachtet werden können.

Achtsamkeit ist mehr als nur Konzentration: Konzentration heißt, sich auf einen Gedanken oder ein Objekt zu fokussieren, sie wird zum Beispiel gebraucht beim Lösen von Rechenaufgaben. Achtsamkeit dagegen brauchen wir bei neuen oder kreativen Aufgaben, wenn wir uns also nicht auf Bekanntes beziehen können.
Achtsam sind wir nicht, wenn wir mehrere Dinge gleichzeitig oder automatisiert erledigen, wenn eingeschliffene Gewohnheiten uns steuern oder wir Lösungswege nur aus einer Quelle beziehen. Die Möglichkeit von Veränderung wird dabei ausgeblendet. „Immer wenn wir glauben, etwas schon zu wissen, sind wir nicht mehr präsent. Und wenn es wichtig wäre, präsent gewesen zu sein, leiden wir unter den Folgen." (Ellen Langner, Sozialpsychologin)

Achtsamkeit ist auch das zentrale Thema im Zen, welcher sich im 6. Jahrhundert in China entwickelte. Zen heißt, im Augenblick zu leben, ohne ihn zu beurteilen, den Geist zu beruhigen, konzentriert zu handeln, nichts erreichen zu wollen und unabhängig von allem zu sein.

Was können wir tun, um Achtsamkeit zu lernen?

„Achtsamkeit lässt sich am besten erreichen, wenn man von vornherein vermeidet, unachtsam zu sein. Um Unachtsamkeit zu vermeiden, müssen wir uns klar machen, dass die Wahrheit jeder Information von ihrem Zusammenhang abhängt. Wenn wir also etwas wahrnehmen, sollte uns bewusst sein, dass es sich bei unseren Wahrnehmungen nie um absolute Tatsachen handelt. Es ist immer nur eine subjektive Wahrnehmung unsererseits. Um achtsam zu bleiben, müssen wir einen gesunden Respekt vor Unsicherheit kultivieren. Um einer Sache achtsam zu begegnen, sollten wir aktiv und bewusst nach Unterschieden suchen. Das tun wir nicht, sobald wir glauben, ein Ding, einen Ort oder einen Menschen bereits in- und auswendig zu kennen. Die Erwartungen von etwas Neuem dagegen halten uns wachsam und achtsam."

Partnerschaften mit Freunden

Freunde zu haben, die unser Leben mit uns teilen, ist eine wichtige Glücksquelle. Es gibt viele Formen von Freundschaft, zum Beispiel Menschen, mit denen wir gemeinsam ein Hobby teilen oder die auf unserer „facebook" Freundesliste stehen. Und dann gibt es die Menschen, die wir jederzeit anrufen können, wenn wir jemanden brauchen, der da ist.
Was zeichnet eine gute Freundschaft aus?
Gute Freunde
haben ein ausgewogenes Verhältnis zueinander;
können offen über alles miteinander reden;
sind sich vertraut;
können sich aufeinander verlassen;
haben eine verbindliche Beziehung zueinander;
können sich oft Jahre nicht sehen, und wenn sie sich dann treffen ist es, als wenn keine Zeit vergangen wäre;
verfolgen mit der Freundschaft keinen besonderen Zweck, die Freundschaft selbst ist das, was zusammenhält.

In einer guten Freundschaft, wie auch in einer guten Partnerschaft, fühlen wir uns akzeptiert mit all unseren Stärken und Schwächen, wir dürfen sein, was und wie wir sind.
Freundschaft verfolgt andere Ziele als Partnerschaft, daher lässt sich das eine auch nicht so einfach durch das andere ersetzen. Vor allem Männer sind in der Gefahr, wegen einer Partnerin Freundschaften zurückzufahren und dann vor einer großen Leere zu stehen, falls die Beziehung in die Brüche geht.

– Emotionale Liebe – normale Partnersuche und Partnerschaft

Emotionale Liebe ist die typische, verbreitete Form der Liebe. Sie hat positive und negative Ausprägungen. Partnerschaft und Partnersuche mit emotionaler Liebe beruhen auf Projektion.
Emotionale Liebe ist durch Gefühle und Emotionen geprägt. Verliebtheit, Schwärmerei und Sehnsucht, aber auch negative Gefühle wie Eifersucht, Rache und Angst kennzeichnen sie. Psychologisch gesehen beruht emotionale Liebe auf Projektion, das heißt, man liebt Eigenschaften, die bei einem selbst vorhanden, dort aber verdrängt sind. Zusätzlich sind diese Persönlichkeitsseiten mit positiven Gefühlen aufgeladen, die ins Negative umschlagen können. Wenn Sie auf Partnersuche sind und dabei einen bestimmten Typ suchen, dann suchen Sie eigentlich einen Teil von sich selbst. Klingt vielleicht seltsam, ist aber ein zentrales Grundprinzip der Partnersuche und Partnerschaft. Wenn Sie dann einen entsprechenden Partner finden und sich verlieben, dann lieben Sie eigentlich einen Teil von sich selbst, aber äußerlich in Gestalt des Partners.
Emotionale Liebe ist im Gegensatz zu spiritueller Liebe sehr selektiv und stark an vor allem psychische und körperliche Bedingungen geknüpft, das kann zum Beispiel das Schema „blond und blauäugig“ sein oder „charmant und zartfühlend“. Die Spielarten emotional geprägter Partnerschaft und Partnersuche sind vielfältig und sie alle zeigen Kennzeichen, die untypisch für Spiritualität und spirituelle Partnerschaft wären.

Spirituelle Partnersuche

Die spirituelle Partnersuche hat Erfolg, wenn Sie die inneren und äußeren Voraussetzungen dafür schaffen. Besonders wichtig ist es, dass ein gesuchter spiritueller Partner vorher im Inneren schon vorhanden ist. Ein sehr genaues Gedankenbild sollte den gesuchten Partner möglichst detailliert projizieren. Oft ist dabei hilfreich genau zu wissen, was man nicht mehr möchte.
Wie wird ein geeigneter spiritueller Partner gefunden? Nicht viel anders als andere Partner auch, indem man sich innerlich bereit macht und dem Schicksal eine Chance gibt.
Innerlich bereit machen bedeutet, sich darüber klar zu werden, warum eine solche Partnerschaft erstrebt wird. Welche niederen oder höheren Bedürfnisse und Gründe motivieren eine solche spirituelle Partnersuche? Warum keine normale Beziehung, warum muss es eine spirituelle Partnerschaft bzw. spiritueller Partner sein? Glaubt man an den Erfolg und wenn nein, warum nicht? Ist man innerlich offen und bereit, dann besteht die erforderliche Anziehung und Resonanz. Ist das aber nicht der Fall und wird nur willentlich verkrampft gesucht, wird die Partnersuche keinen Erfolg haben. Egal wie intensiv und einfallsreich Sie die Partnersuche gestalten, ohne diese Voraussetzung wird die gesuchte spirituelle Partnerschaft ausbleiben, kein geeigneter spiritueller Partner wird ins Leben treten. Zumindest keiner, der die gewünschte spirituelle Partnerschaft auf Dauer ermöglicht und die spirituelle Partnersuche beendet.

Spiritualität ist primär eine Frage des Inneren, und daher sollte auch die spirituelle Partnersuche dort beginnen. In gewissem Sinne muss der spirituelle Partner im Inneren präsent sein, damit er äußerlich erscheinen kann. Dies bedeutet, dass Sie als Frau Ihren inneren Mann, den sogenannten Animus und als Mann Ihre innere Frau, die Anima kennenlernen müssen. Der äußere Partner spiegelt nämlich in weiten Teilen den inneren wider. Das gilt übrigens auch für Seelenpartner und Dualseelen bzw. Zwillingsseelen (siehe nachfolgende Kapitel).

Im Hinblick auf die innere Bereitschaft für eine spirituelle Partnerschaft kann jeder einiges tun. Eine astrologische Beratung zu einem Partnerhoroskop wäre zum Beispiel sinnvoll oder auch ein Jahreshoroskop. Warum ein Jahreshoroskop, wozu ist das gut? Ein Jahreshoroskop stellt die Zeitqualität fest und für welche Vorhaben welche Zeit geeignet ist. Des Weiteren können Sie sich mit Traumdeutung beschäftigen. Die Traumdeutung wäre eine ausgezeichnete Idee, denn Träume beleuchten Ihr Seelenleben und Ihre innere Disposition zu allen wichtigen Themen, Partnerschaft bzw. Partnersuche eingeschlossen. Last not least könnten Sie versuchen, direkten Kontakt mit Ihrer Überseele herzustellen und um Unterstützung bitten.

Die innere Bereitschaft ist für die spirituelle Partnersuche der entscheidende Faktor. Wenn es dort gut aussieht, ist der spirituelle Partner nicht mehr weit. Dieses Grundprinzip gilt generell für jede Partnersuche: Von dem einfachen und in keinster Weise spirituell motivierten Wunsch nach einem netten, treuen und zuverlässigen Partner bis hin zur spirituellen Partnersuche nach einem Seelenpartner oder gar der Dual- bzw. Zwillingsseele.

Genau so wichtig für die spirituelle Partnersuche ist demgegenüber der zweite, quasi äußere Faktor: dem Schicksal eine Chance zu geben. Das bedeutet zum einen, sich nicht abzuschotten vor Kontakten und zum anderen, die Winke des Lebens zu erkennen und wahrzunehmen. Letzteres ist je nach Definition mehr eine Sache der Offenheit als eine Frage von Spiritualität. Warum Offenheit? Weil es zum Wesen echter Partnersuche gehört, auf jegliche Symbole und Zeichen zu achten. Wer hingegen das gesamte Leben als Stimme und Botschaften Gottes betrachtet, für den wäre es eher eine Frage der Spiritualität und Ausdruck des spirituell Seins, immer und überall für alles und jeden offen zu sein. Eine solche Auffassung und Definition von spirituell sein bzw. Spiritualität wäre meines Erachtens generell sehr sinnvoll und hilfreich, auch über das Einzelthema spiritueller Partnersuche und Partnerschaft hinaus.

Im Hinblick auf die aktive Kontaktermöglichung hier noch ein praktischer Rat: Wenn es Ihnen um Spiritualität geht und ein dafür geeigneter spiritueller Partner gefunden werden soll, ist es naheliegend, an dafür prädestinierte Orte zu gehen. Im Ballermann auf Mallorca oder bei einem Konzert von Rammstein sind die Chancen, dass dort ein geeigneter spiritueller Partner wartet, gering (es sei denn, Sie haben einen intuitiven Wink erhalten). Spirituelle Partnersuche macht woanders zweifellos mehr Sinn. Gehen Sie stattdessen zum Beispiel auf Veranstaltungen über Spiritualität, Esoterik und ähnliche Themen. Dort finden Sie Gleichgesinnte und der Kontakt fällt leicht. Gerade als Mann haben Sie gute Chancen, da der Männeranteil gering ist. Eine Garantie, dass Sie dort lauter Seelenpartner und vielleicht sogar Ihre Dualseele oder Zwillingsseele treffen, ist dies nicht, aber ein guter Tip.

Seelenpartner, Dualseele und Zwillingsseelen – was ist das?

Seelenpartner sind Seelen, die durch die Zugehörigkeit zur gleichen Seelenfamilie bzw. Seelenverwandtschaft und viele gemeinsame Leben gekennzeichnet sind. Dualseelen und auch Zwillingsseelen sind ein besonders intensiver Spezialfall der Seelenpartner.
Doch ich will es noch genauer erklären.
Immer vier Seelen gehören zur gleichen Seeleneinheit. Zwei Seelen davon sind gleich – eben Zwillingsseelen – und somit ergibt sich automatisch, dass zwei dieser Seelen völlig gegensätzlich sind.

A1	B1
A2	B2

A1 und A2 sind Zwillingsseelen. Das heißt, sie sind völlig gleich. B1 und B2 sind ebenfalls Zwillingsseelen, also auch völlig gleich.
Die A-Seelen und die B-Seelen sind Dualseelen, also völlig gegensätzlich. Alle vier Seelen sind zusammen eine Seeleneinheit. Auch hier gibt es eine Rangfolge. Wir nennen diese eine erste Ordnung.

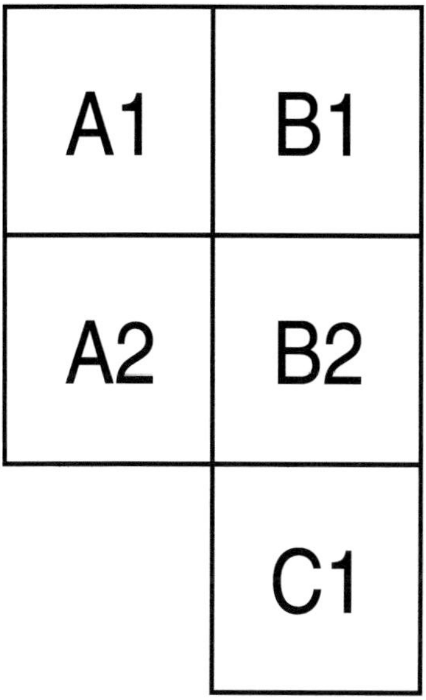

Jede der Seelen gehört zu weiteren Seeleneinheiten. Diese nennen wir Seelenfamilien. Aus diesen ergeben sich dann die Dual- und Zwillingseelen, die in zweiter, dritter, vierter (usw.) Ordnung zu unserer Seele stehen. Letztendlich ergeben so alle zusammen ein einziges Netz der Seelen und sind zu unserer Seele alle Dual- oder Zwillingsseelen.

Eine spirituelle Partnersuche ist die eine Sache, doch manchen ist das nicht genug, es soll nicht nur ein spirituell veranlagter Partner sein, sondern ein Seelenpartner oder noch besser die Dualseele oder auch Zwillingsseele. Dieses anspruchsvolle Bedürfnis bei spiritueller Partnersuche nach der Dualseele oder zumindest einem Seelenpartner ist für spirituelle Menschen eigentlich gar nicht verwun-

derlich. Es wird davon ausgegangen, dass Seelenpartner, Dualseele und Zwillingsseele nicht nur wie erwünscht spirituell veranlagt sind, sondern generell besonders gut zu einem passen. Dieser Gedanke ist scheinbar naheliegend, aber passen Dual- und Zwillingsseelen wirklich so perfekt zueinander?
Stellen Sie sich vor, dass Sie mit einem Partner zusammenleben, der alles gegensätzlich zu Ihnen hat. Wir sprechen hier von einer Dualseele erster Ordnung. Sie wollen ins Kino, der Partner ins Theater. Sie mögen Fleisch, der Partner ist Vegetarier. Sie mögen Rockmusik, der Partner Klassik. Zwar herrscht eine große Anziehungskraft zwischen Ihnen, doch es ist die schwierigste Form des Zusammenlebens. Solche Verbindungen sehen oft so aus, dass die Partner nicht zusammen und nicht ohne einander leben können. Im günstigsten Falle leben sie getrennt und treffen sich zeitweise.
Oder stellen sie sich ein Leben mit ihrer Zwillingsseele vor. Alles gleich. Sie greifen zum Zucker, der Partner auch. Sie wollen ins Kino, er auch. Auf den ersten Blick voller Harmonie, aber in Wirklichkeit wird das Zusammenleben ganz schnell vor Langeweile strotzen.
Aber nun keine Ängste. Es gibt Hoffnung, auch für Ihre Partnerschaft!
Je weiter die entsprechende Seele von ihrer Seeleneinheit weg ist, um so mehr mildert sich dieses alles. Also bei einer Dualseele von sagen wir zehnter Ordnung können Sie eine bessere Harmonie und eine bessere Partnerschaft erwarten. Das Gleiche gilt für Zwillingsseelen.

Doch nun zum Seelenpartner. Unter Seelenpartner wird ein Mensch verstanden, mit dem einen eine Seelenverwandtschaft verbindet. Gemeint ist nicht wirklich eine

Zusammengehörigkeit von Seelen, sondern eher, dass wir mit diesem Partner besonders harmonieren.
Stellen Sie sich eine Großfamilie aus sagen wir einmal hundert Seelen vor. Sie werden als Mitglied Ihrer Seelenfamilie in jedem menschlichen Leben immer auf Familienmitglieder treffen, die wichtige Rollen einnehmen. Das sind z.B. Eltern/Kind-Beziehungen, Freundschaften und Feindschaften, aber eben auch Partnerbeziehungen. Bei Partnerbeziehungen mit einem Seelenfreund aus der Seelenfamilie spricht man dann von einem Seelenpartner. Mit einem Seelenpartner verbinden einen viele gemeinsame Vorleben, nicht nur, aber auch als Partner. Durch den Umstand der Seelenverwandtschaft und der vielen gemeinsamen Leben ergibt sich das für Seelenpartner so typische, rational nicht erklärbare Gefühl der Vertrautheit. Das heißt, dass wir mit Seelen, die uns näher stehen, ständig Leben planen. Wer wäre besser dafür geeignet als jene Seelen, uns Lernaufgaben zu geben, auch solche, die uns unangenehm und scheinbar unlöslich erscheinen. Besonders jene Lerngeschehen, in denen uns ein Mensch Leid zufügt, planen wir mit solchen Partnern.
Ich kann mir gut vorstellen, dass man ständig getrieben ist, in einer Art unbewussten spirituellen Partnersuche den einen idealen Partner - die Dual- oder Zwillingsseele - zu finden. Diese Seelen, Dual- oder Zwillingsseelen, können auch diesen idealen Partner zumindest theoretisch darstellen und könnten tatsächlich jegliche weitere Partnersuche beenden. Auf dieser mehr unbewussten Partnersuche trifft man aber meist auf Seelenpartner, die das Bild von dem idealen Seelengefährten meist nur teilweise erfüllen.

Seelenpartner und Dual- und Zwillingsseelen – realistisch auffindbar?

Seelenpartner sind häufig anzutreffen. Die Idee von den Dual- und Zwillingsseelen ist grundsätzlich wahr, allerdings ist die menschlich-inkarnierte Dual-/Zwillingsseele etwas Relatives. Das Konzept der Dualseelen bzw. Zwillingsseelen ist in der Wirklichkeit komplizierter und beschränkt sich nicht auf dieses eine menschliche Leben im Hier und Jetzt.

Im Rahmen der vielen Leben, die jeder absolviert, treffen wir bei der Partnersuche relativ häufig auf Seelenpartner. Wenn es eine Seelenverabredung gibt, in der alle von Anfang an vereinbart haben, sich gegenseitig alle erforderlichen Erfahrungen zu bescheren, warum dann häufig fremde Seelen kontaktieren? Außerdem verfügen Seelenpartner mit ihrer Seelenverwandtschaft über eine Basis an gemeinsamen Themen und Interessen, welche die für jede Partnerschaft erforderliche gegenseitige Identifikation ermöglicht. Wesensfremde Seelen üben folglich auch keine Anziehung aufeinander aus und so führt jede noch so intensive Partnersuche zu keinem Zusammentreffen.

Seelenpartner sind also etwas besonders Bemerkenswertes und werden nur nicht als solches erkannt. Höchstwahrscheinlich sind es eher die Seelenpartner, die einem unangenehme Erfahrungen bescheren, als Dual- oder Zwillingsseelen erster Ordnung. Die eben angedeuteten „erforderlichen Erfahrungen“ schließen natürlich auch unangenehme - aber letztlich entwicklungsfördernde - Erfahrungen ein. Seelenpartner und ebenso Dual-/Zwillingsseelen verfolgen meist unbewusst den höheren Zweck der gegenseitigen Entwicklungsförderung. Die Erfüllung der begrenzt-menschlichen Bedürfnisse des

„Ich“ und was diesem Ich angenehm erscheint, steht nicht im Vordergrund!

Das ist alles eher theoretisch und das Thema ist in Wahrheit noch viel komplexer, aber vielleicht konnte ich eines näher bringen: Menschliche Dual- und Zwillingsseelen sind – genau wie Seelenpartner und alles andere im menschlichen Leben – eine relative Angelegenheit. Letztlich verkörpert jeder relevante Partner, vor allem Seelenpartner, ein Stück von der Dual-/Zwillingsseele. Andererseits vermute ich, dass 98 % von denen, die glauben, eine Dual- oder Zwillingsseele erster Ordnung gefunden zu haben, falsch liegen. Die intensiven Gefühle und die sich zum Teil übersinnlich zeigende Verbundenheit erklären sich mit intensiven mehrfachen gemeinsamen Vorleben, die Seelenpartner und auch Nicht-Seelenpartner kennzeichnen. Spirituelle Partner interpretieren dies im Lichte der von ihnen gelebten Spiritualität und stark motivierten spirituellen Partnersuche dann als Dual- oder Zwillingsseelen. Der Wunsch nach der ultimativen Einheit und Erlösung im Finden dieser Seelen ist sicher ein weiterer wichtiger Faktor für die irrtümliche Einschätzung.

Dual- und Zwillingsseelen – Gefahren und „harte" Liebe

Eine spirituelle Partnersuche, die geprägt ist vom Wunsch nach der ultimativen Dual- oder Zwillingsseele, ist eventuell die Flucht vor genau den Herausforderungen einer Partnerschaft, die spirituelle Entwicklungen begünstigen. Die Fixierung auf die wahrscheinlich nie erscheinende Dualseele als einzig möglicher spiritueller Partnerschaft schließt andere geeignete Seelenpartner aus.

Eine spirituelle Partnersuche mit dem Konzept der Dualseelen bzw. Zwillingsseelen im Kopf birgt durchaus Gefahren. Viele Suchende fixieren sich mit diesem Konzept auf eine illusorische Idealvorstellung vom Himmel auf Erden zu zweit. Alle bisherigen Partnerprobleme und eigenen Schwächen wären dann verschwunden und es bliebe nur noch unendliche Liebe, „weil meine Dual- oder Zwillingsseele mich voll und ganz versteht – mich so annimmt wie ich wirklich bin und ich nicht mehr etwas vorspielen muss zu sein, was mir nicht entspricht." So oder so ähnlich sind die Überlegungen, die meist als unbewusste Wünsche irgendwo in der Psyche versteckt sind. Ich verstehe diese tiefe spirituelle Sehnsucht sehr gut, aber ihre Erfüllung ist schlichtweg unrealistisch und verkennt den eigentlichen Sinn sowohl des Lebens als auch der Partnerschaft: Wachstum, Entwicklung und Selbst-Werdung.
Eine solche Einstellung (Partner muss Dual- oder Zwillingsseele sein...) zeugt jedoch mehr von Wunschdenken als von Spiritualität und der Reife für eine echte und gute spirituelle Partnerschaft. Dualseelen, Zwillingsseelen der ersten Ordnungen und auch Seelenpartner können vielmehr durchaus harte – weil entwicklungsfördernde – Lektionen erteilen! Mit einer realitätsflüchtigen Einstellung zur Dual- oder Zwillingsseele bzw. Partnersuche

wird eben genau das wahrscheinlich passieren, was man vermeiden möchte, sofern die Dual- oder Zwillingsseele erster Ordnung überhaupt gefunden und nicht irrtümlich ein Seelenpartner dafür gehalten wird.

Der Sinn spiritueller Entwicklung und Partnerschaft ist nämlich nicht der, die eigene Dual- oder Zwillingsseele zu finden, damit diese eigene Lücken auffüllt und um gemeinsam mit ihr das ersehnte Ganze zu bilden. Dieses „zwei Halbe ergeben ein Ganzes" Denken festigt vielmehr das unvollständig und nicht ganz Ich-Selbst-Sein. Eine solche Denkweise fördert die in Beziehungen existierende Wunschprojektion auf den Partner, welche zu überwinden unter anderem der höhere Sinn der Partnerschaft ist. Das Leben und spirituelle Entwicklung wollen, dass jeder selbst ganz wird und zwar mit oder ohne Hilfe des Partners. Ein solcher spiritueller Partner kann sein wer will.
Die Fixierung auf den Seelenpartner in Gestalt der einen perfekten Seele birgt noch eine weitere Gefahr. Sie schließt andere Partner aus, die als spirituelle Partner vielleicht gut geeignet wären und viel gemeinsame Entwicklung ermöglichen würden. Auf diese Weise, nur weil der potentielle spirituelle Partner nicht den fälschlichen Idealvorstellungen entspricht, werden gute Chancen verschenkt.
Wer weiß, vielleicht tritt die inkarnierte Dual- oder Zwillingsseele so auf, dass wir sie nie treffen können. Oder wir treffen sie und sie hat das gleiche Geschlecht wie wir, was uns in Bedrängnis bringen kann. Eine weise spirituelle Partnersuche sollte sich daher nicht auf das Konzept der Dual- und Zwillingsseelen versteifen und mehr auf einen geeigneten normalen Seelenpartner achten, auf einen Seelenfreund, der als spiritueller Partner Begleiter für ein

Stück des Weges nach Hause ist. Eine solche Einstellung würde Spiritualität mit Einsicht verbinden.

Dual- oder Zwillingsseele gefunden - Partnersuche beendet?

Sei es durch vermeintlichen Zufall oder durch bewusste spirituelle Partnersuche, wenn sich tatsächlich zwei Seelen aus der gleichen Seeleneinheit finden, so sind je nach vorhandener Spiritualität drei Ereignisvarianten denkbar: Immense spirituelle Entwicklung oder im Gegenteil gar keine oder die baldige Trennung.
Was passiert, wenn sich tatsächlich zwei Seelen der gleichen Einheit treffen?
Das Folgende ist etwas spekulativ, da sich gesicherte Erfahrungen mit seiner Zwillings- oder Dualseele kaum recherchieren lassen. Außerdem wird das Treffen seiner Dual- oder Zwillingsseele vermutlich oft nur irrtümlich angenommen. Ich gehe davon aus, dass zwei Seelen der gleichen Seeleneinheit viel seltener als allgemein angenommen zusammenfinden. Trotzdem ist es interessant einmal durchzuspielen, welche Möglichkeiten sich daraus ergeben könnten. Im Prinzip sind es die gleichen Möglichkeiten, die es auch bei normalen intensiven Beziehungen mit dem einfachen Seelenpartner oder Seelenfreund gibt. Ich unterscheide drei Varianten der Begegnung:

Im Idealfall würden beide eine heilige Liebe entfachen, eine wahrlich spirituelle Partnerschaft führen und gemeinsam große Entwicklungsschritte machen. Denn um vieles mehr als ein „normaler" spiritueller Partner repräsentiert die Dual- oder Zwillingsseele symbolisch die eigene verloren gegangene „Adams-Rippe". Getragen von großer Liebe und den harmonischen Gemeinsamkeiten der gemeinsamen Seeleneinheit bestehen gute Chancen, die projizierten Gleichheiten oder Gegensätze, also die Adams-Rippe, effektiv zu integrieren. Eine fantastische Chance.

Trotz der immensen Aussichten einer solchen Beziehung zwischen diesen Seelen denke ich allerdings nicht, dass Dual- oder Zwillingsseelen einhundert Prozent, also die komplette verlorene „Adams-Rippe", darstellen.
Ein weiterer Grund, warum sie etwas Relatives ist: Das gesamte Spektrum der eigenen Unbewusstheit und Entwicklungsbedürftigkeit kann sich nicht allein im Bereich der Partnerschaft manifestieren. Es verteilt sich auch auf andere Menschen und Lebensbereiche, wo es ebenso darum geht, sich selbst zu entdecken. Trotzdem ist das Entwicklungspotential enorm und wenn es beide Seelen nutzen, dann wachsen ihnen Flügel. Die dadurch erwachende Liebe kennt kaum Grenzen. Jede weitere spirituelle Partnersuche ist überflüssig und beendet. Die Seelen werden dann gemeinsam eine potenzierte Liebe leben können, die ihnen riesige Schritte in ihrer spirituellen Entwicklung ermöglicht, und diese wird Kreise ziehen und auch auf andere Menschen Einfluss nehmen.

Das zweite mögliche Szenario beim Zusammenfinden sieht ganz anders aus:
In einer nicht spirituell geführten Partnerschaft ergänzen sich beide so „gut" nach dem Deckel/Topf-Prinzip, dass keinerlei Wachstum und Bewusstseinserweiterung stattfindet. Spiritualität und das wünschenswerte Verhalten zweier spiritueller Partner erscheinen nicht erforderlich, da die beiden Gleichgesinnten bzw. Gegensätze ohne sie reibungslos, effektiv und ohne wachstumsfördernde Konflikte ineinander greifen und sich ergänzen. Was der eine nicht kann oder darstellt, das erledigt der jeweils andere und was beide nicht können, das interessiert auch beide nicht. Oder die Gleichheiten sind so groß, dass es beiden als der Himmel auf Erden erscheint, der in Untä-

tigkeit endet. Das sieht alles ganz ideal aus, denn gemeinsam ist man unschlagbar und fühlt sich wie eine Einheit - kein Wunder. Aber eben auch nur gemeinsam! Das ist die entscheidende Schwäche bei dieser Variante der sich treffenden Dual- und Zwillingsseelen.
Erkennen die beiden Seelen also nicht die große Chance auf jeweils eigenes Persönlichkeitswachstum im Sinne einer wahrlich spirituellen Partnerschaft oder verzichten mangels Leidensdruck oder Wohlgefühl freiwillig darauf, so wird ein großer Schatz verschenkt. Gerade in der Partnerschaft zweier solcher Seelen ist das Potential an spiritueller Entwicklung enorm. Was nach außen hin so toll aussieht, ist in Wahrheit also eine Entwicklungstragödie, zumindest aus Sicht entwicklungsbezogener Spiritualität. Es wäre wie das vergessene Abgeben eines spirituellen Lottoscheins, mit dem der Hauptgewinn erzielt worden wäre.
Die einen begeben sich inbrünstig aber vergeblich auf spirituelle Partnersuche, während der hier schon in greifbarer Nähe vorhandene Schatz ungehoben bleibt. Wer weiß, ob und wann sich eine solche Gelegenheit noch einmal in einem anderen Leben bietet.

Die dritte Variante beim Zusammentreffen der Dual- und Zwillingsseelen beinhaltet ebenfalls eine nicht oder nicht erfolgreich spirituell geführte Partnerschaft, aber mit anderer Auswirkung als bei der zweiten Variante. Die Seelen ergänzen sich hier nicht, egal ob Dual- oder Zwillingsseele, sondern die Partnerschaft führt zum Konflikt. Angesichts der ungenügenden Spiritualität in der Partnerschaft werden diese Konflikte dann auch nicht durch die Kunst konstruktiven Streitens gelöst. Die Folge dürfte für die Seelen die gleiche wie bei einer normalen

Beziehung sein: Es macht einen lauten Schlag und man ist auseinander. Die Chance auf nochmaliges Aufeinandertreffen bleibt bestehen. Ein solches Erlebnis kann aufrütteln und zum Beispiel eine bewusste spirituelle Partnersuche bewirken oder zumindest die Hinwendung zu mehr Spiritualität. Oft erleben wir ja, dass nach einer Scheidung die zweite Ehe glücklich wird, weil beide Partner bewusster an die Partnersuche herangehen. Oftmals werden Partnerschaften ja in jungen Jahren geschlossen, in denen eine entsprechende Reife nicht zu erwarten ist.

Und ich muss auch noch auf etwas anderes aufmerksam machen. Eine Seele aus unserer Seeleneinheit muss nicht immer das entgegengesetzte Geschlecht haben. Es kann also durchaus sein, dass ein Mann seine Dual- oder Zwillingsseele in Gestalt eines anderen Mannes trifft. Sofern keine Homosexualität besteht, wird eine Partnerschaft entweder abgelehnt oder es entsteht eine sehr feste Freundschaft, die sich aber wiederum störend auf eine bestehende Partnerschaft auswirken kann. Das Gleiche betrifft natürlich auch Frauen. Es kann aber auch sein, dass wir solch eine Seele treffen und mit ihr eine Partnerschaft ganz anderer Art eingehen – zum Beispiel eine enge Geschäftsverbindung. Denkbar und durchaus üblich ist es auch, dass Seelen aus der Seeleneinheit erster Ordnung als eigene Kinder inkarnieren. Hierbei kommt es zu den schwierigsten Eltern-Kind-Beziehungen. Eltern werden nicht mehr mit ihren Kindern fertig und diese machen was sie wollen und verhalten sich respektlos bis aggressiv gegenüber dem Elternteil aus der gleichen Seeleneinheit. Anderseits, wenn es Zwillingsseelen sind, kann es zu einer zu engen Beziehung bis hin zum Inzest kommen.
So oder so handelt es sich um Lerngeschehen der schwie-

rigsten Art, die es zu bewältigen gibt. Aber je grösser der Lernprozess ist, desto grösser ist natürlich auch der Gewinn auf der Leiter der spirituellen Entwicklung hin zur Vollkommenheit. So wird solch eine Konstellation oft von Seelen gewählt, die in anderen Leben ihre Lerngeschehen vernachlässigt oder gar verweigert haben, um in dieser Konstellation gewaltig den Nachholbedarf zu decken.

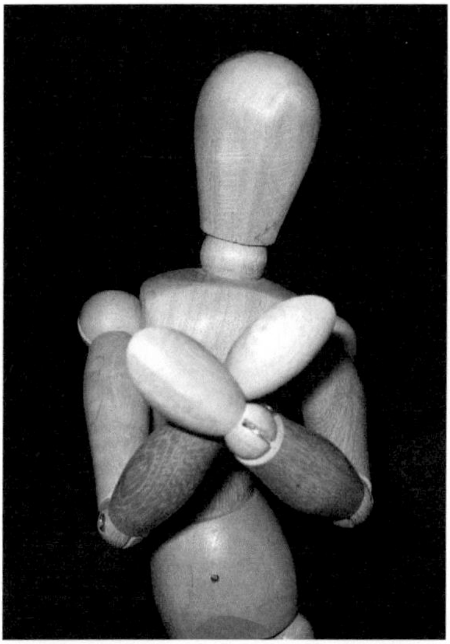

Spirituelle Liebe – mit und ohne Partner

Spirituelle Liebe ist die menschliche und menschenmögliche Version der göttlichen Liebe. Sie strebt nach Selbst-Werdung und Transzendenz des Ich. Erkennbar ist sie an Nächstenliebe, einem gewissen Grad an Bedingungslosigkeit und ihrem umfassenden, nicht-selektiven Charakter. Sie kann, muss aber nicht in einer bestimmten Partnerschaft – zwei spirituelle Partner in einer Beziehung – zum Ausdruck kommen.

Nächstenliebe ist ein Ausdruck und Bestandteil spiritueller Liebe. Wahre Nächstenliebe betrachtet jeden als seinen Nächsten, jeden, der der Liebe gerade bedarf, nicht nur Partner und Angehörige. Anders formuliert, es werden über die Nächstenliebe viele Menschen zum möglichen Partner für eine spirituelle Partnerschaft, nicht nur der eine spirituelle (Liebes-) Partner. Das Gegenteil wäre die karmische Liebe (siehe unten), die exklusiv sehr stark an eine bestimmte Person gebunden ist.
Voraussetzung für wahre Nächstenliebe ist Selbstliebe, denn wie heißt es in der Bibel: „Liebe deinen Nächsten wie dich selbst." Man kann immer nur geben, was man hat. Eine Geldspende aus Schuldgefühl oder um Anerkennung zu erhalten, ist daher keine Nächstenliebe. Da unbewusst solche oder ähnliche Motive fast immer vorliegen, ist eine reine Nächstenliebe entgegen dem Anschein in Wirklichkeit sehr selten.

Spirituelle Liebe erreicht einen höheren Grad an Bedingungslosigkeit. Ehrlich betrachtet ist Liebe fast immer an irgendwelche Bedingungen gebunden, meist irgendeine Form der Bedürfnisbefriedigung, für die im Gegenzug dann „geliebt" wird. Oft braucht Liebe zum Beispiel das Vorhandensein bestimmter, von einem selbst geschätzte

Eigenschaften beim Partner. Eine spirituelle Liebe bzw. Partnerschaft ist aber kein solches Geschäft, denn Spiritualität stellt keine solchen Bedingungen. Mutterliebe für das Baby könnte der Prototyp bedingungsloser Liebe sein, doch psychologisch betrachtet erhofft sich auch eine Mutter häufig die Liebe des Kindes als Gegenleistung, und kann sich derer anders als beim Partner auch ziemlich sicher sein. Elternliebe erwartet als „Gegenleistung" meist den absoluten Gehorsam des Kindes. Dieser Gehorsam bezieht sich auf alle Gebiete und führt dazu, dass Eltern komplett über das Leben ihrer Kinder bestimmen wollen. Von was darf ich anziehen bis zur Berufsausbildung und Partnerschaft. Entweder wendet sich irgendwann das Kind vehement gegen die Eltern, um seine Freiheit zu erlangen, oder es wird völlig unselbständig und lebensuntüchtig. Dieses kann natürlich auch ein vereinbarter Lernprozess sein, der uns weiterbringt.

Die göttliche Liebe sagt: „Ich gab dir den freien Willen und damit die freie Wahl zu tun, was dir beliebt und jegliche Erfahrung zu sammeln. Ob du nun die Menschheit rettest oder die Erde in die Luft sprengst, ich liebe dich so oder so in gleicher Weise."
Dieses göttliche Maß an Liebe, in menschliche Maßstäbe als spirituelle Liebe übersetzt, bedeutet Bedingungslosigkeit. Bedingungslosigkeit bedeutet ein grundsätzliches Akzeptieren von all dem was uns begegnet, auch wenn es uns noch so negativ scheint oder uns stark tangiert, ohne dass wir mit negativen Reaktionen wie zum Beispiel Wut oder Strafe reagieren. Spiritualität bzw. spirituelle Liebe kennt durchaus Unliebsames und es ist völlig in Ordnung, zum Beispiel gegen seine Regierung oder die Todesstrafe zu sein, trotzdem kann sie aber das Ab-

gelehnte als Realität akzeptieren, ohne deswegen zornerfüllt auf die Straße zu gehen oder Emotionen verdrängen zu müssen. Wenn, dann antwortet sie auf Missstände und negative Gefühle nicht auf gleicher Ebene. Damit wir uns richtig verstehen – spirituelle Liebe heißt nicht, dass wir diese Liebe auch jedem anderen gegenüber zum Ausdruck bringen müssen, sonst gäbe es ja nur noch die Vielehe. Es heißt auch nicht, alles hinnehmen und erdulden zu müssen. Auch spirituelle Menschen dürfen ihren Emotionen mal Luft machen. Vielleicht lernt dadurch unser Kommunikationspartner in dem Augenblick ja etwas für ihn sehr Wichtiges.

Spirituelle Liebe wurzelt in den höheren, geistigen Ebenen – symbolisch im spirituellen Herz, umfasst und integriert aber auch Gefühle bzw. Emotionen und den physischen Körper. Dieser ganzheitlich-umfassende Charakter ist typisch für spirituelle Liebe, bezogen auf die spirituelle Partnerschaft mit dem Partner ebenso wie auf andere Menschen.

Ein spiritueller Meister, der nicht gelegentlich mal in der Lage ist, jemanden zu umarmen und damit Liebe körperlich und emotional auszudrücken, weil es ihm unangenehm ist, der ist eben kein spiritueller Meister oder Guru, selbst wenn er durch den Raum schweben kann und Telekinese beherrscht. Ein echter spiritueller Meister, der Spiritualität wirklich lebt, wird zwar nicht ständig andere abknutschen wollen und Sex wird keine dominante Rolle spielen. Doch er kann es und wenn er es tut, dann bringt er spirituelle Energien mit ein und erhebt Körper und Emotionalkörper dadurch auf eine andere Ebene.

Spirituelle Liebe kennt auch die unerlösten Aspekte des Körpers und der Emotionen und schließt diese mit ein. Eine solche, alle menschlichen Bedürfnisse und Tiefen umfassende Liebe, ist die höchste Form von Spiritualität und spiritueller Liebe bzw. Partnerschaft. Je höher und spiritueller jemand ist, desto tiefer und Tieferes kann er lieben. Jesus verkörperte diese Liebe. Er saß nicht den ganzen Tag im Tempel und philosophierte dort mit Priestern und der „High Society". Er zog vielmehr mit seinen Jüngern durch das Land, einfachen Leuten aus dem Volk. Er konnte auch mal wütend werden und Gefühle zeigen, wenn zum Beispiel der Tempel als Ort für Handel und Geldwechsel missbraucht wurde. Er nahm die Menschen mit ihren Schwächen an und ging offenen Herzens auf die Ausgestoßenen der Gesellschaft zu. Die Szene mit der Fußwaschung seiner Jünger bringt diese Art der hohen Liebe, die auch das menschlich-Niedrige umfasst, sehr schön zum Ausdruck.

Ich möchte aber noch einmal zurückkommen auf die spirituelle Liebe.

Für Normalsterbliche, also nicht hochspirituelle Menschen, ist jenes, was dabei geschehen kann, unglaublich, weil kaum vorstellbar. Und doch ist es so, wie ich aus eigenem Erleben bestätigen kann. Wenn zwei sehr spirituelle Menschen durch Entfernung getrennt sind und ihre Sehnsucht nach dem anderen Partner sehr groß wird, kann es zu einem wunderbaren Liebeserleben kommen. Beide Seelen lösen sich von ihren Körpern und treffen sich. Hierbei kommt es zu einer Seelenverschmelzung, die an Intensität ihresgleichen sucht.

Da dieses Gefühl kaum beschreibbar ist, versuche ich es mit einem Beispiel. Stellen Sie sich Ihren schönsten Orgasmus oder Ihr schönstes Glücksgefühl vor und dann

multiplizieren Sie dieses wunderbare Gefühl mit einhundert.
Dieses Gefühl der intensiven Seelenverschmelzung reicht schon sehr an das Gefühl heran, Gott nah zu sein. Allerdings übertrifft dieses Gefühl der Gottesnähe jenes der Seelenverschmelzung noch bei weitem und ist stets mit dem Gefühl einer Lichtexplosion verbunden.

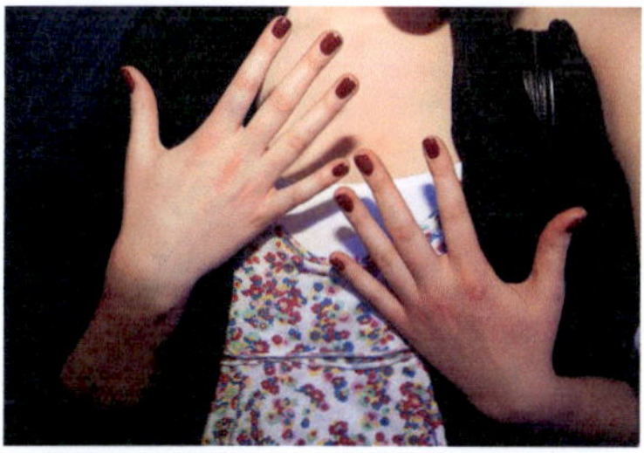

Spirituelle Partnerschaft – spirituelle Entwicklung als Hauptmerkmal

Eine spirituelle Partnerschaft ist vor allem durch das aktiv und bewusst gelebte Interesse an Spiritualität und gemeinsamer spiritueller Entwicklung gekennzeichnet. Die üblichen Elemente einer normalen Partnerschaft, wie zum Beispiel gegenseitige Bedürfnisbefriedigung, körperliche und emotionale Liebe, existieren noch. Sie haben jedoch an Bedeutung verloren und erfahren einen veränderten Umgang.

Ein spiritueller Mensch wünscht sich naheliegender Weise einen ebenso spirituell geprägten Partner, also eine spirituelle Partnerschaft. Hat Spiritualität einen festen Platz im eigenen Leben eingenommen, so will sie auch in der Partnerschaft gelebt und zum Ausdruck gebracht werden. Immerhin handelt es sich um eine grundlegende Lebensausrichtung und nicht um ein Hobby, das notfalls ebenso gut mit Menschen außerhalb der Beziehung gepflegt werden kann.

Wie sieht eine spirituelle Partnerschaft aus, eine Beziehung also, in der Spiritualität eine tragende Rolle spielt? Wie verhalten sich spirituelle Partner?

Spirituelle Partner haben zumindest begonnen, einige der üblichen und normalen - aber nicht entwicklungsfördernden - Verhaltensweisen und Bedürfnisse abzulegen, innerhalb und außerhalb der Partnerschaft. Das Leben dreht sich nicht mehr primär um Karriere, Geld, Sex, gutes Essen oder das Finden einer anerkannten sozialen Rolle. Die Partnerschaft ist kein Ort der gegenseitigen Bedürfnisbefriedigung und Abhängigkeit mehr, mit all den typischen Spielchen um Eifersucht und Attraktivität, Macht und Besitzdenken, Geben und Nehmen. Die

körperliche und emotionale Liebe haben ihre einstige Vorherrschaft und magische Faszination verloren. An ihre Stelle tritt eine Liebe, welche tiefgehender Natur ist. Auch die Sexualität erfährt eine völlig neue Dimension.
Eine spirituelle Partnerschaft besitzt zwar all diese Dinge noch mehr oder weniger. Sie haben aber einen quantitativ verminderten und qualitativ veränderten Stellenwert. Sie wurden entdeckt, gelebt und haben an Reiz verloren. Man will mehr vom Leben, denn da muss noch etwas anderes sein. Spiritualität allgemein und eine spirituelle Partnerschaft im Speziellen sind das Gesuchte und evtl. beginnt eine richtige spirituelle Partnersuche.

Eine spirituelle Partnersuche wird nun also zumindest ein Thema. Gesucht wird jedenfalls ein spiritueller Partner, mit dem eine reife Partnerschaft möglich ist, eine etwas höhere Liebe, zumindest teilweise soll spirituelle Liebe dabei sein.
Des Weiteren soll die geistig-seelische, spirituelle Entwicklung in einer entsprechenden Beziehung nicht nur möglich sein, sondern bewusst gefördert werden. Die spirituelle Entwicklung wird zur tragenden Gemeinsamkeit und primäres Merkmal für eine spirituelle Partnerschaft. Diese Hoffnung auf spirituelle Entwicklung ist gerechtfertigt, denn kaum etwas kann diese mehr bewirken als eine spirituelle Partnerschaft, in der beide am gleichen Strang ziehen.

Es ist so ähnlich wie in der Beziehung zwischen spirituellem Lehrer und seinem Schüler. Wie sehr dies die Entwicklung beschleunigen kann, ist anschaulich nachzulesen in der „Autobiographie eines Yogi“ von Yogananda. Der Unterschied zur Liebes- Partnerschaft besteht darin, dass dort beide gleichberechtigt, also sowohl Lehrer als auch Schüler sind.

Zwei spirituelle Partner in einer Beziehung, wie könnte das konkret aussehen?
Wie drückt sich Spiritualität dort aus? Gemeinsame Pilgerungen, Meditationen und Diskussionen um Themen wie Engel, Reinkarnation (Wiedergeburt), Religion, Astrologie, Meditation usw.? Ich denke, solche Dinge gehören dazu, doch jede spirituelle Partnerschaft ist anders und hat andere Schwerpunkte. Dabei besteht die Gefahr des „Abhebens“, das heißt, spirituelle Themen bekommen ein zu starkes Übergewicht. Es ist wichtig, gerade eine spirituelle Partnerschaft realistisch und psychologisch zu betrachten und sie zu erden.

Spirituelle Partnerschaft – Spiritualität und Spiegelfunktion

Eine spirituelle Partnerschaft kennt und achtet das in jeder Beziehung existierende psychologische Phänomen der Projektion, also die Übertragung eigener unbewusster Eigenschaften und Persönlichkeitsanteile auf den Partner. Die Qualität der Projektion reicht von leichter Unbewusstheit mit eventuellen positiv besetzten Werten bis hin zu tiefem Schatten.

Entsprechend der oben angedeuteten realistisch-psychologischen Einstellung erfüllt die spirituelle Partnerschaft, wie jede andere auch, eine Art Spiegelfunktion. Das bedeutet, dass eigene unbewusste Persönlichkeitsseiten auf den Partner projiziert (übertragen) werden und er einem insoweit den Spiegel vorhält. Das Erleben dieser eigentlich eigenen Seiten an und über den Partner weckt Emotionen als typisches Merkmal für Projektion. Dieses Phänomen ist normal und wichtig, auch für spirituelle Partner. Es ist kein Zeichen fehlender Spiritualität.

Wenn Sie sich also über eine Eigenschaft Ihres Partners aufregen oder andere negative Emotionen ausgelöst werden, dann kann es sich um einen projizierten – unbewussten und ungelebten – eigenen Anteil handeln. Kann, muss aber nicht! Hierbei ist auch positive Projektion möglich. Fähigkeiten und Eigenschaften, die Sie am Partner übermäßig bewundern oder die Verliebtheit auslösen, schlummern eventuell in Ihnen selbst.

Andererseits kann die Partnerschaft auch ganz tief in den Keller gehen und es offenbaren sich seelische Abgründe bei beiden Partnern, die dann naturgemäß stark und beharrlich aufeinander projiziert werden. In der Psychologie spricht man vom Schatten. Zum Beispiel könnten unerledigte Hassgefühle aus einem früheren Leben auftauchen, in dem der eine den anderen getötet hat.

Sind Sie erstaunt angesichts solch heftiger Dinge? Immerhin finden zwei spirituelle Partner in einer entsprechenden Beziehung zusammen, vielleicht sogar über eine explizite spirituelle Partnersuche. Es geht um die geistig-seelische Entwicklung und Spiritualität bildet die gemeinsame Wertebasis. Was haben beim gemeinsamen Streben nach geistigen Erkenntnissen und spiritueller Entwicklung solche „unschönen" Dinge verloren? Die haben da eine ganze Menge verloren und sie sind keineswegs ungewöhnlich, auch nicht für eine spirituelle Partnerschaft bzw. spirituelle Partner.

Zunächst einmal hat fast jeder seine tiefdunklen Flecken auf der Seele, genauer gesagt, in der Psyche. „Nur" wegen eines spirituell ausgerichteten Lebens sind die Betreffenden noch lange nicht von allen schlummernden Schwierigkeiten befreit. Auf dem richtigen Weg nach Hause zu sein oder dort angekommen zu sein, das sind zwei unterschiedliche Dinge. Glauben Sie mir, jeder Heilige war einst in einem anderen Leben ein Übeltäter. Wir alle haben schon sehr oft gelebt und viele unschmeichelhafte Dinge getan. Vielleicht ist das jetzige Leben das erste, in dem man sich ernsthaft der Spiritualität zuwendet und insbesondere eine spirituelle Partnerschaft anstrebt. Wer weiß das schon?
Beziehungspartner kennen sich meist aus mehreren gemeinsamen Vorleben und haben sich da sowohl geliebt als auch bekämpft. Meist sind solche Vorgeschichten noch nicht erledigt, auch wenn sich nun beide gereift als spirituelle Partner mit bewusst gelebter Spiritualität

erneut zusammenfinden. Spirituelle Entwicklung und Partnersuche sind nicht die einzigen Faktoren, die zwei Menschen in eine spirituelle Partnerschaft zusammenführen. Anziehung und Resonanz werden auch durch Unerlöstes bewirkt.

Ein spiritueller Partner bzw. Mensch zeichnet sich nicht dadurch aus, dass er keine Schwächen mehr hätte, sondern durch seine Bereitschaft, diese anzunehmen und zu verwandeln. Genau dazu ist eine spirituelle Partnerschaft geeignet und das nicht nur wegen der beiderseits vorhandenen Spiritualität. Nein, die spiegelnde Bewusstmachung der unerlösten und unbewussten Themen ist dazu genauso wichtig. Dies ist ja das durch Spiritualität und Liebe zu verwandelnde Material. Licht entsteht nicht aus dem leeren Raum heraus, sondern durch die Verwandlung der Dunkelheit. Das zu verstehen und zu leben ist wahre Spiritualität und Esoterik.
Der Umgang mit Projektion und Schatten ist übrigens auch zentrales Element für die spirituelle Psychotherapie nach C.G. Jung. Schließlich gehört seine spirituelle Psychotherapie zur Psychoanalyse, für die Schattenarbeit typisch ist.

Spiritualität und Schattenarbeit

Wahre Spiritualität – innerhalb oder außerhalb einer Partnerschaft – betrachtet auftauchenden Schatten als notwendiges Schlüsselpendant für spirituelle Entwicklung im Sinne der Metapher vom hohen Baum: Ein Baum kann nur so weit in den Himmel wachsen wie seine Wurzeln in die Erde reichen.
Es gibt einen wichtigen Zusammenhang zwischen tiefem Schatten und den Höhen der Spiritualität: Das Auftauchen des Schattens „unten“ erfolgt analog und parallel zu den Schritten nach „oben“. Stehen Sie bildlich gesprochen an der Tür zum Himmel, so können Sie diese nur durchqueren, wenn ein dazu adäquates Bein in der Hölle erlöst wird. Genau dieses dunkle kranke Bein verhindert den Zugang zu genau diesem Himmel und ist der genau passende Schlüssel. Nur und genau mit diesem Bein können Sie nach erfolgter Gesundung durch das betreffende Himmelstor gehen.

Wie heißt es doch so schön: Wer in den Himmel strebt, der wird dies ohne jeden Zweifel erreichen – oder mit genau dem konfrontiert, was diesem Ansinnen im Wege steht. Diese Dauerkonfrontation nennt man Leben, denn unbewusst streben wir alle in den Himmel. Spirituelle Partner tun es bewusst, indem sie Spiritualität aktiv in den Vordergrund stellen. Andere tun es unbewusst, indem sie in Geld, Sex, Macht, Ruhm, Anerkennung usw. spirituelle Ersatzobjekte, also quasi Ersatzgötter finden. Die dahinter stehende, tief verborgene Sehnsucht ist immer Liebe und Spiritualität.

Es ist also ganz normal und sogar ein Zeichen für geistig-seelische, sprich spirituelle Entwicklung, wenn eine spirituelle Partnerschaft dunkle Seiten aufwirft und den Gang

nach unten erfordert. Oben und unten entsprechen sich, so wie letztlich alle Gegensätze zusammengehören. Wie schon bei der Frage nach Spiritualität angedeutet, benötigt ein Baum mit hoher Krone ebenso tiefe Wurzeln. Daraus folgt, dass spirituelle Partner keine dauerharmonische, glückselige „Licht und Liebe" Beziehung erleben und ständig im siebten Himmel schweben. Anders als in normalen Beziehungen wiederholen sich die Kämpfe und Probleme aber nicht immer wieder, da sie auf einer höheren und tieferen Ebene gelöst werden.
Und: Sie wachsen beide daran, und das macht eine spirituelle Partnerschaft aus.

Ein spiritueller Partner als „paradiesische“ Herausforderung

Im Sinne der Projektion und Spiegelfunktion ist ein spiritueller Partner wie jeder andere auch die sinnbildliche Entsprechung zur biblischen Eva, geschaffen aus Adams verlorener Rippe. Die spirituelle Partnerschaft löst diese „paradiesische“ Aufgabe, indem beide Partner die Herausforderung annehmen und sich im Geiste gereifter Spiritualität und Liebe bewusst gegenseitig unterstützen.

Die Spiegelfunktion bewusst zu nutzen, um die gegenseitigen Projektionen zurück zu nehmen und über Selbsterkenntnis wieder mehr ich selbst zu werden, kennzeichnet eine spirituelle Partnerschaft.
In der biblischen Erzählung wurde Eva aus einer Rippe des schlafenden Adam erschaffen und dieser erkannte nachher nicht, dass er sich in Gestalt der Eva eigentlich selbst gegenüber stand. In diesem metaphorischen Sinne ist jeder Partner - Mann und Frau - zu einem guten Teil die unbewusste eigene Rippe. Die Chance und Herausforderung, sich selbst im Partner zu erkennen und sein Ich-Bewusstsein zutreffend zu erweitern, nenne ich „paradiesische“ Aufgabe. Ein spiritueller Partner stellt sich dieser Aufgabe.
Sich bewusst und liebevoll gegenseitig dabei zu unterstützen, die fehlenden Seiten wieder zu integrieren, anstatt sich in gegenseitiger Abhängigkeit zu belassen, kennzeichnet eine wahre spirituelle Partnerschaft und spirituelle Partner. Ein wirklich spiritueller Partner wird sich darum bemühen. Inwieweit dies mit expliziten Mitteln und auf Wegen der Spiritualität geschieht, ist zweitrangig. Echte Liebe genügt immer und findet geeignete Wege.
Wenn also zum Beispiel die Frau ihr Selbstbewusstsein verloren hat und in ihrem beruflich sehr erfolgreichen

Partner „wieder findet“, so sollte letzterer dies nicht zu seinem Vorteil ausnutzen. Wahre Spiritualität gebietet ihm vielmehr, ihr dabei zu helfen, ihr eigenes Selbstbewusstsein zu entwickeln. Auf diese Weise hilft ein spirituеller Partner dem anderen, heil, also ganz und vollständig zu werden. So ist es wohl gemeint, wenn es heißt, Beziehungen seien heilig und alle Engel im Himmel jubelten angesichts des Bundes, den Gott zwischen den Geschlechtern geschaffen hatte.

Spirituelle Partner und Konflikte

Spirituelle Partner tragen Konflikte aus, aber auf eine Weise, die beide wachsen lässt.
Aus der paradiesischen Aufgabe ergibt sich als Bestandteil einer spirituellen Partnerschaft etwas, das ebenso wie das erwähnte Auftauchen dunkler Seiten erstaunen mag: Konflikte.
„Das auch noch. Spirituelle Partner bleiben von nichts verschont, was andere nicht ebenso durchmachen", denken Sie jetzt vielleicht. Nun, es liegt in der Natur der Sache, also der Reintegration unbewusster Persönlichkeitsseiten, dass dies zu Konflikten führt. Sie sind nicht einfach so unbewusst verdrängt, sondern weil sie aus irgendeinem Grund abgelehnt werden. Auf den Partner projiziert werden sie bei diesem logischerweise ebenfalls abgelehnt, und das führt zu Konflikten. Selbst die positive Projektion von Eigenschaften, die beim Partner bewundert werden, birgt Konfliktpotential in Form von Neid, Abhängigkeit und Minderwertigkeitsgefühlen.
Was spirituelle Partner von anderen unterscheidet, ist einmal mehr der Umgang damit.

Die Tatsache, dass zwei spirituelle Partner eine entsprechende Beziehung führen, kann das Auftreten solcher Konflikte nicht verhindern. Und soll es auch gar nicht! Denn sie stellen den ersten Schritt der Projektionsrücknahme und der Erfüllung der paradiesischen Aufgabe der Partnerschaft dar. Das Entscheidende bei einer spirituell geprägten Partnerschaft – dadurch unterscheidet sie sich von „normalen" Beziehungen – ist nun der Umgang mit diesen Konflikten als zweitem Schritt. Das Erkennen, Akzeptieren und Integrieren des Konfliktthemas, sich dabei gegenseitig liebevoll unterstützend und den höheren Sinn begreifend, das macht eine spirituelle Partnerschaft aus. An genau dieser Stelle beweisen sich spirituelle Partner als „spirituell“. Das gemeinsame Lieblingslied in der Kirche ist im Vergleich dazu keine spirituelle Herausforderung und kann Spiritualität nicht fördern.

Spirituelle Partner flüchten sich nicht konfliktscheu in Meditation und scheinüberlegenes, pseudo-spirituelles „da steh ich drüber“. Gehen Sie lieber zu Ihrem Partner, schauen Sie ihm/ihr tief in die Augen, nehmen seine/ihre Hand und sprechen ehrlich aber mitfühlend aus, was Sache ist. Bleiben Sie fair, auch wenn es einfacher ist, den eigenen Schmerz mit einem Gegenangriff zu überspielen. Aus meiner eigenen persönlichen Erfahrung und durch meine Arbeit bin ich zu der Erkenntnis gelangt, dass konstruktives Streiten und Lösungen erarbeiten das wichtigste Element jeder Beziehung ist. Egal, ob es sich um normale oder spirituelle Partnerschaft handelt, die sich Spiritualität explizit auf die Fahne schreibt. Genau dort und genau dann findet Wachstum und spirituelle Entwicklung statt, und nichts bindet Menschen stärker positiv aneinander als das gemeinsame Überwinden von Schwierigkeiten.

Spirituelle Krise meistern

Eine spirituelle Krise ist das Paradebeispiel für die Vermischung von spirituellen und psychologischen Schwierigkeiten. Dementsprechend eignen sich als Unterstützung Psychotherapien, Hypnosetherapien und Beratungsmethoden, die ebenfalls beide Aspekte in sich vereinen.
Eine spirituelle Krise zu erleben, das heißt unter Umständen, seinen Glauben an Gott zu verlieren oder sich Seiner Liebe nicht mehr für wert empfinden. Manche erleiden Schicksalsschläge, die sie nicht mit ihrem Glauben vereinbaren können und wenden sich so vehement von Gott und ihrer Religion ab, wie sie ihr vorher zugetan waren. Andere wenden sich besonders intensiv Gott zu, doch finden sie dennoch keinen Trost oder eine auffangende Hand und zweifeln an sich selbst. Häufig werden die großen Sinnfragen gestellt, wie: „Wozu lebe ich?“, „Wozu bin ich hier?“ oder „Was will Gott von mir?“.
In all diesen Fällen gehen mit den spirituellen Themen und Fragen große und tiefe Gefühlsschwankungen einher. Spirituelle Krisen gehen unvermeidlich mit psychologischen Schwierigkeiten einher, wie letztlich jede Krise. Jede Krise ist eine Umbruchsituation, die noch nicht bewältigt ist. Und wie jede Krise birgt auch die spirituelle Krise großes Entwicklungspotential, in psychologischer und spiritueller Hinsicht. Es liegt nahe, in einer spirituellen Krise eine Form der Hilfe zu suchen, die beide Aspekte vereint. So wie es eben z.B. die Psychotherapie nach Jung macht oder ähnliche Formen der Seelsorge und Beratung.

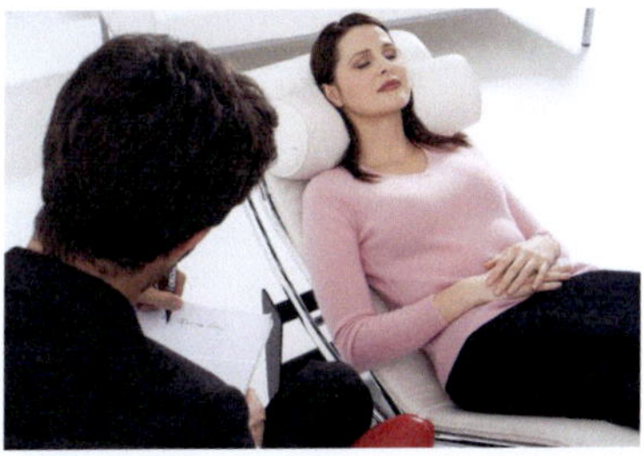

Spirituelle Psychotherapie gibt es nicht

Obwohl Psychotherapie und Psychologie angesichts ihrer geistig-seelischen Orientierung Spiritualität aufweisen könnten, ist dies faktisch fast nie der Fall. Wissenschaftlich geprägte Psychologie und Rationalität lassen keinen Raum für eine spirituelle Psychotherapie.

Innerhalb der Medizin – siehe unter spiritueller Medizin, Psychosomatik – sollten Psychotherapie und daneben ebenso die nicht zur Medizin gehörende Psychologie theoretisch gute Chancen haben, Spiritualität zu integrieren und konstruktiv einzusetzen. Der Grund hierfür ist ganz einfach der, dass Psychotherapie und Psychologie nicht körperlich orientiert sind, sondern sich mit der Geist/Seele-Einheit befassen. Die übliche Psychotherapie ist deswegen aber leider noch nicht spirituell. Sie ist in der Tat sogar ziemlich weit davon entfernt, eine spirituelle Psychotherapie zu sein. Und die Psychologie lässt Spiritualität in mindestens gleichem Maße vermissen.

Angesichts der schon erwähnten Beschäftigung mit der Geist/Seele-Einheit ist dieser Mangel an Spiritualität ein wenig überraschend. Eigentlich sollte die Existenz spirituell geprägter Psychotherapie relativ naheliegend sein und zumindest vereinzelt vorkommen. Andererseits ist Spiritualität im großen Gebiet der Geist/Seele/Psyche nur ein Teilbereich, eben gerade der, der für Psychotherapie und Psychologie am wenigsten von Interesse ist. Die nicht-körperliche Geist/Seele-Einheit besteht nämlich aus drei identifizierbaren Teilen: Dem denkenden rationalen Verstand und dem Mentalen, dann der Seele bzw. Psyche mit ihren Gefühlen, Emotionen und Verhaltensmustern und schließlich der Spiritualität im engeren

Sinne als dem Geistlichen, im Gegensatz zum verstandesmäßig Geistig-Mentalen.

Die Psychotherapie und noch mehr die Psychologie befassen sich nun aber lediglich auf eher rational-wissenschaftliche und verstandesgeprägte Weise mit der Seele bzw. Psyche der Patienten. Manche Psychotherapie, zum Beispiel die Gesprächspsychotherapie, nutzt über den Verstand hinaus auch noch ganz betont das Einfühlungsvermögen, die sogenannte Empathie. Sicherlich ist es auch so, dass die Gefühle bzw. Psyche des Therapeuten generell eine Rolle für die Psychotherapie spielen. In der Therapeuten/Klienten-Beziehung kann es vorkommen, dass der Therapeut seine Problematik auf den Klienten überträgt und diesen dadurch beeinflusst. Auf Seiten des Klienten soll bei einer Psychotherapie wiederum durch Erkenntnis und Einsicht neben seinen Gefühlen auch der Verstand integriert werden. Das alles wären so die wichtigsten Aspekte zur Verwendung der dreiteiligen Geist/Seele-Einheit in der Praxis und von Spiritualität ist da nichts zu erkennen.

Es lässt sich also feststellen, dass auf beiden Seiten, bei Therapeut und Patient, Verstand und Psyche aktiv werden, die Spiritualität aber bleibt konsequent außen vor. Spirituelle Aspekte sind in keiner Weise erkennbar. Weder bei den eingesetzten Psychotherapie-Mitteln noch bei Gegenstand und Ziel dieser Mittel scheint Spiritualität vonnöten zu sein. Eine spirituelle Psychotherapie und ganzheitliche, auch spirituelle Heilung, die den fehlenden spirituellen Aspekt berücksichtigt, ist daher nicht in Sicht. Letztlich ist dieser Umstand Ausdruck der Dominanz der Wissenschaftsgläubigkeit unserer Gesellschaft.

Spirituelle Psychotherapie von Jung als rühmliche Ausnahme

C.G. Jung und seine Analytische Psychologie bzw. Psychotherapie ist unter den anerkannten Psychotherapie-Verfahren die einzige, die sich mit Fug und Recht spirituelle Psychotherapie nennen darf.

Die gängigen Psychotherapie-Verfahren sind also nicht spirituell orientiert, jedoch gibt es eine einzige Ausnahme, die inoffiziell als spirituell bezeichnet werden kann. Jung, einer der Nachfolger Freuds, hat, anders als der berühmte Begründer der Psychoanalyse, Religion und Spiritualität zu einer zentralen Komponente seiner Psychotherapie gemacht. Damit wurde und ist die Therapie nach C.G. Jung auch heute noch eine spirituelle Psychotherapie auf psychoanalytischen Wurzeln.
Jung war zwar kein Anhänger der Institution Kirche, er war jedoch ein überzeugter Sympathisant insbesondere der östlichen Religionen. Er erkannte die immense Bedeutung von Religion und Spiritualität für die geistig-seelische Gesundheit und Entwicklung des Menschen und integrierte sie konsequent. Sein Horizont war weit genug, Religion und Spiritualität mit Psychologie zu verbinden. Das Konzept der Selbst-Verwirklichung mit dem Selbst als dem Ganzheitlich-Vollständigen und letztlich Göttlichen in uns entstammt C.G. Jung.
Für Jung war jede psychische Störung unter anderem Ausdruck eines verloren gegangenen höheren Lebenssinnes, der durch die wiederhergestellte Verbindung zum Selbst geheilt werden kann. Krankheit ist in Jungs Lehre daher immer auch eine spirituelle Krise bzw. Heilungskrise; eine Störung, die geistig-seelische Entwicklung und spirituelles Wachstum als Chance und Herausforderung in sich birgt. Durch seine spirituelle Psychotherapie hat er das geleistet, was eigentlich die Aufgabe kirchlich Geist-

licher wäre, nämlich zum „Pontifex“ (Brückenbauer zu Gott) für andere zu werden. Seine Arbeit ist ein Paradebeispiel dafür, wie sehr Psychotherapie und Spiritualität eigentlich zusammenhängen und konstruktiv ineinander greifen können.

Ich möchte an dieser Stelle aber auch darauf aufmerksam machen, dass in der Hypnosetherapie und hier insbesondere in der Reinkarnationstherapie die spirituellen Elemente in großem Maße vorhanden sind.

Göttliche Liebe – mehr als Spiritualität plus Liebe

Gott liebt alles und jeden in gleicher Weise, unter allen Umständen und ohne jede Bedingung. Göttliche Liebe ist ein unrealistischer Maßstab für menschliche Partnerschaft und Spiritualität.
Aus menschlicher Perspektive ist Gottes bedingungs- und unterschiedslose Liebe kaum nachzuvollziehen, denn Mensch sein heißt, individuelle Vorlieben und Prägungen zu besitzen. Die nachfolgend beschriebene göttliche Liebe ist daher auch kein Maßstab für die spirituelle Partnersuche bzw. Partnerschaft eines Menschen oder für die übliche Spiritualität. Doch sollte sie uns Ansporn sein, nach solch einer Perfektion der Liebe und Spiritualität zu streben.

Göttliche Liebe ist wie die Sonne, sie scheint immer und für jeden, für den Heiligen und Mörder gleichermaßen. Sie spendet Licht, Wärme und Leben und zwar jederzeit, auch nachts oder bei einer vollständigen Wolkendecke. Die Frage ist, ob wir die Sonne bzw. Gott wahrnehmen. Meist wenden wir uns unbewusst ab, so wie sich die Erde nachts von der Sonne wegdreht. Oder eine Schicht aus ungeeigneten und unspirituellen Glaubenssätzen und Gefühlsmustern verdeckt wie eine Wolkenschicht die Sicht. Die Sonne jedoch scheint immer und genauso verhält es sich mit göttlicher Liebe. Es sind „nur" unsere Wahrnehmungsinstrumente getrübt, allen voran unsere eigene Spiritualität und spirituelle Liebe.
Diese göttliche Liebe ist keine Eigenschaft von Gott, so wie Menschen Eigenschaften haben, sondern ein dauernder Seinszustand. Gott kann gar nicht anders, „ER" ist einfach so. Gott bestand und besteht ewig aus so viel Liebe. Diese Liebe ist so groß, dass sie sich Ausdruck verlei-

hen musste. So entstand die Schöpfung, die noch immer ein Teil und Ausdruck seiner Liebe ist.
Das alles ist kaum praxisrelevant für das menschliche Leben, für Partnerschaft und Liebe zwischen zwei Menschen, selbst wenn sie sich der Spiritualität verschrieben haben. Allenfalls mag sich Spiritualität daran ein nicht erreichbares Vorbild nehmen. Göttliche Liebe lässt sich nur ansatzweise erfahren und erahnen, wenn man selbst zu einem Sonnenstrahl wird, was der Idealfall der spirituellen Liebe und Partnerschaft ist. Dann ist man eins mit dem bestmöglichen Partner und eine etwaige spirituelle Partnersuche ist beendet.

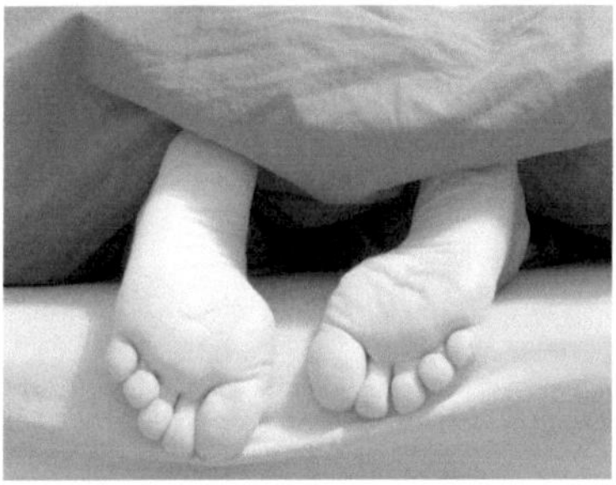

Körperliche Liebe
– Sexualität und Spiritualität

Sex und Spiritualität sind durchaus vereinbar. Sexualität und sexuelle Energie können bei spirituellen Menschen sowohl auf körperlicher Ebene als auch auf nicht-körperliche Weise ausgelebt werden, zum Beispiel geistig-schöpferisch. Beim Versuch der willentlichen Transformierung der sexuellen Energie, wie sie in machen angeblich spirituellen Lehren vorkommt, besteht die Gefahr der Verdrängung sexueller Wünsche und Bedürfnisse.

Sind Sexualität und Spiritualität miteinander vereinbar oder lebt ein spiritueller Mensch weitestgehend ohne Sexualität und versucht stattdessen, die sexuelle Energie zu transformieren und sie für spirituelle Entwicklung zu nutzen? In jeder Partnerschaft spielt Sex eine wichtige Rolle. Wie ist es, wenn es sich um zwei spirituelle Partner handelt und damit Spiritualität mit ins Spiel kommt?

In einer spirituellen Partnerschaft geht es nicht nur um die reine Befriedigung durch den Geschlechtsakt. Vielmehr kommt es zu einer Vereinigung und einem Austausch von sämtlichen Energien. Es kommt zu einer absoluten Offenheit gegenüber dem Partner und zwar nicht nur emotional, sondern auch geistig-seelisch. Die Form, in der sich die sexuelle Energie dann zeigt, muss nicht augenscheinlich etwas mit Spiritualität zu tun haben. In höhere Kanäle gelenkt kann die sexuelle Energie mit ihrer enormen Schöpferkraft ungewöhnliche Leistungen und Erfahrungen bescheren. Das geht von einfacher Lebensfreude und körperlichem Elan über geistig-schöpferische Fähigkeiten bis hin zu übersinnlichen Erfahrungen und Einheitserlebnissen mit universaler Liebe. Dieses wird gelenkt von den Wünschen und Gedanken der Partner, die sich durch die göttliche Energie dann in der Materie manifestieren.

Wenn es gelingt – und es gelingt meist nur wenigen –, ist eine solche Transformierung eine geniale Gelegenheit, etwas in der eigenen Welt zu verändern. Die Gefahr dabei ist, dass sexuelle Bedürfnisse verdrängt werden, wenn der Betreffende glaubt, dass diese eine spirituelle Entwicklung behindern. Genau das geschieht durch das Zölibat bei Geistlichen. Wobei sich Verdrängungen, und dieses nicht nur bei Geistlichen, letztlich doch auf die eine oder andere Weise Luft machen, zum Beispiel als fehlgeleitete sexuelle Leidenschaften oder Krankheit. Ich persönlich kenne viele Geistliche, die Geliebte und Familie haben und unter ihrer angeblichen „Sünde" leiden und andere Geistliche, die ihr Zölibat einhalten, aber daran derart leiden, dass es ihnen wie ein quälender Dämon vorkommt. In beiden Fällen erlebe ich, dass meist starke Psychopharmaka ins Spiel kommen.

Wenn und soweit spirituelle Menschen Sex haben, muss dieser sie nicht zwangsläufig „herunterziehen". Das geschieht nur dann, wenn es ein rein genitaler Sex ist. Im Idealfall sind jedoch auch Gefühle, das Herz und die spirituelle Liebe beteiligt. Dadurch wird die rein geschlechtliche Triebkraft in höhere Liebe und Ausdrucksformen verwandelt. Die körperlichen Bedürfnisse stehen nicht mehr im Vordergrund. Das kann im – leider – noch seltenen Idealfall eine Seelenverschmelzung als Einheitserlebnis ermöglichen. Für solche Partner spielen Entfernungen dann keine Rolle mehr. Ihre Seelen treffen sich und ihre Vereinigung überträgt sich auch als emotionale und körperliche Gefühle, die zu einem körperlichen Orgasmus in Kombination mit der energetischen Verschmelzung der Seelen führen können.

Was ist karmische Liebe?

Eine karmische Liebe bedeutet, dass starke Bindungen aus einem irgendwie gearteten Missbrauch körperlicher und emotionaler Liebe in früheren Leben entstanden sind. Diese Bindungen führen zu meist extremen Gefühlen; das reicht von Glückseligkeitsgefühlen und dem vermeintlichen Gefunden haben der Zwillingsseele bis hin zu tiefem Hass. Hass-Liebe ist typisch für eine karmische Liebe. Eine stets angenehme und in vielen Leben ausgelebte Liebe könnte man durchaus ebenfalls als karmische Liebe bezeichnen: Sie wird zur Folge haben, dass eine starke Bindung an nur eine bestimmte Seele erfolgt. Irgendwann wird es die seelische Entwicklung erfordern, andere Partner zu erwählen oder ohne Partner zu leben und sich der Eigenliebe zuzuwenden. Das wird dann sehr schwierig.

Liebe, Partnerschaft und Kirche

Die christliche Kirche verdient Kritik. Sündenvorstellung, Sexualmoral, das Frauen verwehrte Priesteramt und Zölibat sind nur einige Stichworte. Warum zum Beispiel wird katholischen Priestern ein asexuelles Leben im Zölibat aufgebürdet, wenn von vorneherein klar ist, dass es viele nicht einhalten können? Wenn vorher schon feststeht, dass völlige sexuelle Enthaltsamkeit keine angemessene Herausforderung ist, sondern die meisten – auch angesichts des jungen Eintrittsalters – damit völlig überfordert sind und es ausschließlich dazu dient, Schuldgefühle zu erzeugen? Wenn öffentlich meist unbemerkt unzählige Kinder Geistlicher geboren werden, für die die Kirche mit unseren Steuergeldern oder Spenden aufkommt? Immerhin bezahlt die Kirche Alimente für bis zu drei Kinder eines Geistlichen. Ich selbst kenne einige Bischöfe, die sich für den Erhalt des Zölibates öffentlich einsetzen, selber aber Geliebte mit Kindern haben, die sie regelmäßig besuchen. Vergessen wir auch nicht, welch eine Bürde es für diese Kinder ist, nie darüber sprechen zu dürfen, wer ihr Vater ist, weil sie dann nämlich als „Sünden" gebrandmarkt werden.
Die, die das Zölibat formal einhalten, verstümmeln sich damit innerlich oder entwickeln Verhaltensstörungen. Sie leiden unter ihrer Einsamkeit. Wäre es nicht ehrlicher und gottgefälliger, ein moralisch integres Eheleben einschließlich Sexualität mit Vorbildfunktion als spirituelle Sexualität zu führen, als sich selbst zum Verstoß gegen das Zölibat und damit zur „Sünde" zu verurteilen? Wäre es daher nicht klüger und realistischer, das Zölibat als freiwillige Entscheidung anzubieten? Wie würde wohl Jesus Christus darüber denken? Immerhin ist das Zölibat ausschließlich von der Kirche eingeführt worden, um die Erbschaften zu kassieren und Unterhalt zu sparen.

In keiner Stelle der Bibel ist das Zölibat begründet. Die oft angeführte Bibelstelle, in der Jesus gesagt haben soll: „Verlasset eure Familien und folget mir nach" ist eine Fälschung. Sie wurde erst mit Einführung des Zölibats hinzugefügt. Bedenken wir, dass eine solche Aufforderung den Tod der Familien herbeigeführt hätte, da Frauen damals keinen Beruf ausüben konnten. Wer hätte also den Unterhalt der zurück gebliebenen Familien aufbringen sollen? Könnte Jesus das gewollt haben? Sicherlich nein!

Die Kirchen bieten mit ihrer Auslegung von Religion ihren Mitgliedern schon lange nicht mehr genug Identifikationsfläche. Abnehmende Kirchenbesuche und zunehmende Austritte sollten zur Wende mahnen, doch nichts Wesentliches geschieht.
Warum all diese zum Teil unverständlichen Glaubenseinstellungen und Verhaltensweisen, die der Realität und den Bedürfnissen der Menschen nicht gerecht werden? Nun, welche engstirnigen, macht- und angstbesetzten Vorstellungen im Detail auch immer dahinter stecken mögen, die Erklärung ist letztendlich ganz einfach: Kirchen sind Menschenwerk, nicht das Werk von Heiligen oder Engeln. Und Menschen machen Fehler, haben Ängste und egoistische Interessen. Das ist die zu akzeptierende Realität, ohne Feindbild gegenüber Religion und Kirche. Es ist aber dennoch keine Rechtfertigung, denn Menschen können auch Fehler einsehen, Scheuklappen ablegen, Ängste überwinden und Egoismus aufgeben. Was jedem Menschen möglich ist und zugetraut werden darf, sollte in nicht minderem Maße für Kirchenvertreter gelten.

Zu diesen menschlichen Schwächen zählt insbesondere die absichtliche oder mangels besserer Erkenntnisfähigkeit vorkommende Fehlinterpretation und Veränderung religiöser Basistexte wie zum Beispiel im Neuen Testament. Das, was die Religionsgründer wie Jesus Christus erkannten, predigten und vorlebten, ihre tiefsten Einsichten und Erfahrungen, all das wurde von den kirchlichen Nachfolgern und Staatsführern im Laufe der Zeit verzerrt und missinterpretiert, gekürzt oder nach eigenem Gutdünken erweitert. Die vielen religiös motivierten Kriege und Kreuzzüge in der Geschichte belegen nachdrücklich solche Fehlinterpretationen. Noch heute verhalten sich Kirche und Gläubige teilweise so. Der seit dem 11. September 2001 nicht verstummende Ruf nach dem Dschihad, dem heiligen Krieg, und der in seinem Vorgehen ebenfalls religiös motivierte ehemalige Präsident Bush zeigen, dass die Menschheit als Kollektiv bis heute nicht viel dazugelernt hat.

Jede Kirche sieht in der ursprünglichen Lehre ihrer Religion nur das, was ihr selbst gegenwärtig entspricht, mit ihrer eigenen subjektiven Brille. Der Spruch, „Die Schönheit liegt im Auge des Betrachters" gilt nicht nur für Schönheit. Es gilt genauso, dass der Dieb selbst bei einem Heiligen nur dessen Geldbeutel sieht. Alles, was jemand äußerlich sieht und erkennt, muss eine innere Entsprechung beim Sehenden haben. Eine solche esoterische Lebensbetrachtung und Selbsterkenntnis würde gerade dem Christentum gut tun. Esoterisch ernsthaft betriebene Selbsterkenntnis ist für jeden ratsam, immerhin bedeutet das Wort Esoterik übersetzt: „nach innen schauen". Die Kirchen und Religionsgemeinschaften stellen hier keine Ausnahme dar. Vielleicht würde sich dann eine wahrlich spirituelle Kirche bzw. Religion entwickeln. Die Blindheit der Kirchen und Religionsgemeinschaften geht über die Spiritualität hinaus und wirkt sich auf alle Bereiche aus, und deren Behebung hätte daher ebenso weitreichende Verbesserungen zur Folge.

Veränderungen der Religionen und Kirchen

Im Hinblick auf Veränderungen von Religion und Kirche muss die Kirche zunächst als ein von allen Menschen kollektiv geschaffenes Produkt verstanden und akzeptiert werden. Kirche oder Religionsgemeinschaft bedeutet eine spirituelle Partnerschaft vieler Menschen mit der Absicht, zu höherer Spiritualität zu streben, um sich irgendwann mit dem himmlischen Vater, Gott, wieder zu vereinen. Je nach Integrationspotential der Kirchen und Religionsgemeinschaften werden zukünftige Entwicklungen innerhalb oder außerhalb von ihr stattfinden.

Trotz alledem fände ich es wünschenswert, der Kirche gegenüber genau das zu zeigen, was ihr selbst in ihren Wertvorstellungen oft abgeht, nämlich Akzeptanz. Nicht als gleichgültiges Hinnehmen der überholten und zum Teil menschenfeindlichen Vorstellungen über Ehe, Sexualität, Frauen usw. Ich meine vielmehr die Akzeptanz der Kirche als einer vom menschlichen Kollektiv ihrer Gläubigen geschaffenen partnerschaftlichen Realität. Nur mit diesem Ausgangspunkt lässt sich etwas konstruktiv verändern. Dieses „Erschaffungsprinzip" gilt übrigens für das gesamte Leben und nicht nur für Religion und Spiritualität.

So wie Staatsführer ihr Land und Volk repräsentieren und dem derzeitigen Kollektiv eines Landes entsprechen, so tun dies auch Kirchenführer für ihre Kirche und Gläubigen. In diesem Sinne hat jedes Land die Regierung, die es gerade verdient und die ihm selbst entspricht. Nicht anders ist es bei den Kirchen: Der durchschnittliche Gläubige entspricht in seinem Wesen der gerade bestehenden Kirchenführung. Man nennt dies in der Esoterik „Analogiegesetz". Auf einer bestimmten Ebene erschafft jedes Kollektiv seine Führer und trägt partnerschaftlich dafür die Verantwortung. Parallel dazu tragen die Führer natürlich auch eine individuelle Verantwortung. Dieses Grundprinzip der Analogie gilt immer, nicht nur dann, wenn es angesichts demokratischer Wahlen ohnehin offensichtlich erscheint.

Die Kirchen sind nun mal entsprechend beschaffen vorhanden, und sie sind ein vom Kollektiv ihrer Gläubigen erschaffenes Produkt. Sollen sie sich verändern, muss sich das Kollektiv verändern. Und das Kollektiv besteht aus vielen einzelnen Menschen, auch aus Ihnen, also fangen Sie an!

Viele wünschen sich Veränderungen in Kirche und Religion, nicht nur, aber auch Spiritualität betreffend. Das kann auf zwei Wegen bzw. an zwei Orten geschehen: Innerhalb und außerhalb der Kirchen, denn man kann eine Religion auch ohne Inanspruchnahme einer Kirche ausüben. Jeder kann alleine seine Religion ausüben oder kleine, unverbindliche Glaubensgemeinschaften bilden, zum Beispiel im Familien- und Freundeskreis, Bibeldiskussionen durchführen usw.

Ob nun der eine oder andere Weg gewählt werden mag und egal, wie sich die Kirchen verändern werden, verschwinden werden sie wohl kaum. Die Menschen als Kollektiv brauchen ihre Kirchen, selbst wenn diese einen recht mittelmäßigen Job machen. Es braucht ein sichtbares, greifbares und beziehungsfähiges Stück der Spiritualität bzw. des Weges zu Gott. Es braucht einen großen und etablierten „religiösen Partner“, auch wenn es dieser an Kooperationsfähigkeit teilweise mangeln lässt. Seit der öffentlichen Etablierung der Christlich Essenischen Kirche als erster interreligiöser Kirche der Welt zeigt sich, dass eine religiöse Partnerschaft sehr fruchtbar sein kann. Hier finden sich Gläubige aller Religionen zusammen, um sich und die Ansichten der anderen Menschen kennen zu lernen. Dieses führt zu einer religiösen Partnerschaft mit spiritueller Entwicklung, da Toleranz, Akzeptanz und bedingungslose Liebe wachsen.

Zukünftige globale, religiöse und spirituelle Veränderungen werden die schon bestehenden Kirchen berücksichtigen müssen. Wenn irgend möglich, müssen die Kirchen zusammengeführt werden. Je mehr sie sich selbst gegen Veränderungen wehren, desto mehr werden diese Prozesse außerhalb von ihnen stattfinden. Es scheint mir aber sinnvoll, den Kirchen als Institutionen ebenso wie ihren Gläubigen die Hand zu reichen und ihr Veränderungspotential so weit wie möglich zu nutzen, um eine Partnerschaft zu verwirklichen, die uns allen eine spirituelle Entwicklung ohne Begrenzung ermöglicht.

Partnerschaftliche Übung

Nachfolgend beschreibe ich eine sehr einfache Übung. Doch wie so oft ist das Einfache auch das Wirkungsvollste. Diese Übung ist nicht nur für Partner geeignet, die in einer Ehe oder eheähnlichen Beziehung leben oder leben wollen. Von Eltern-Kind-Beziehungen über Geschwisterbeziehungen bis hin zu beruflichen Partnerschaften ist diese Übung sehr hilfreich. Scheuen Sie sich nicht, diese Übung auch mit gleichgeschlechtlichen Partnern durchzuführen.

Die Liebesübung

Setzen Sie sich nebeneinander, mit den Gesichtern einander zugewandt. Am besten eignen sich hierzu zwei bequeme Stühle. Stellen Sie sie so hin, dass Sie Ihren Partner an der rechten Seite haben. Fassen Sie die rechte Hand Ihres Übungspartners. Lassen Sie die so verbundenen Hände locker liegen. Entspannen Sie Ihre Arme, Schultern und den ganzen übrigen Körper. Machen Sie es sich bequem. Vereinbaren Sie, wer zuerst anfängt. Am besten vereinbaren Sie gleich, dass zu einem etwas späteren Zeitpunkt die Übung wiederholt wird und der andere Partner dann beginnen darf. Führen Sie die zweite Übung erst nach einer längeren Pause durch. Während dieser Übung erschaffen Sie sich beide einen gemeinsamen Erholungsort. Regel: Jeder Übungsteilnehmer darf jeweils nur einen Satz sprechen. Der Partner muss mit seinem Satz den Gedanken des anderen aufnehmen und fortführen.

Beispiel:

Partner 1: „Ich bin auf einer Insel."
Partner 2: „Da ist ein schöner Sandstrand."
Partner 1: „Die Sonne scheint angenehm warm."
Partner 2: „Ich fühle den Sand unter meinen Füßen."

Partner 1: „Ein leichter Wind geht."
Partner 2: „Wir gehen am Strand spazieren."
usw.

Bemühen Sie sich darum, bei den Beschreibungen emotional nachvollziehbare Elemente zu benutzen. Benutzen Sie weniger Dinge, die es zu sehen gilt und dafür mehr jene, die es zu fühlen gilt. Jeder Mensch hat ein bevorzugtes Sinnesorgan. Der eine kann besser sehen, der andere besser fühlen, hören, riechen oder schmecken. Achten Sie also darauf, dass beide Partner in ihrer eigenen Vorstellungskraft „bedient" werden.
Die Übung soll lebendig sein und jeder der beiden Partner soll sich emotional ganz in die Situation hineinversetzen können. Je tiefer dieses gelingt, um so besser wird der Erfolg.
Wenn ein Partner den Punkt erreicht, wo er ohne Hemmungen überwinden zu müssen sagen kann: „Ich liebe dich und ich möchte dich glücklich machen", so sagt er dieses laut dem Partner. Die Übung ist beendet, wenn beide Partner dieses sagen konnten und gesagt haben. Haben Sie keine Hemmungen, wenn Sie die Übung mit einem gleichgeschlechtlichen Partner durchführen, der Ihnen nicht unbedingt nahe steht, also zum Beispiel Ihrem Partner in der Firma. Es geht hier um allumfassende Liebe, und das bedeutet nicht gleich, dass Sie ausdrücken, mit diesem Partner Sex haben zu wollen.
Lassen Sie sich davon beeindrucken, wie diese Übung Ihre partnerschaftlichen Beziehungen auf eine Ebene transformiert, die eine befriedigende Partnerschaft erlaubt.

PLEOMA

Christine Schmitt
Institut für Problem- und Konfliktlösung

Das PLEOMA-Institut hat es sich zur Aufgabe gemacht, Hilfestellungen für all diejenigen zu geben, die nach dem Ursprung ihrer Probleme suchen. Die Befreiung von individuellen körperlichen und seelischen Belastungen erhöht die Lebensqualität nachhaltig und stellt die persönliche Freiheit wieder her.

Unser Angebot:

- Individuelle Hypnosetherapie nach Vereinbarung
- Hypnoseausbildung
- Familienstruktogramm
- Der Schatz der Ahnen
- Das Ahnenstruktogramm: Rückkehr zum Ursprung der Familie
- Intensivtage

info@pleoma.de www.pleoma.de

KUATSU

Die asiatische Geheimkunst der Wiederbelebung

Kuatsu ist die asiatische Geheimkunst der Wiederbelebung und ersten Hilfe der besonderen Art. Bisher in dieser Form noch nicht veröffentlicht, gibt dieses Buch komprimiert altes Geheimwissen wieder, welches früher nur vom Vater auf den Sohn überging oder von Samurai zu Samurai weitergegeben wurde. Dieses Wissen sicherte das Überleben selbst nach schwersten Verletzungen. Es erlaubt, bestimmte Formen von Tod zu bezwingen, es wirkt sich verändernd auf emotionale Zustände aus, es lindert Schmerzen bei Verletzungen und Erkrankungen, mindert Krankheitssymptome und verhilft zu schnellerer Gesundung. Ein Buch nicht nur für besondere Situationen wie den Notfall sondern auch für die schnelle Hilfe im Alltag. Ein Buch, welches in jede Haus- und Reiseapotheke gehören sollte.

ISBN 978-3-9810856-3-1

F.E. Eckard Strohm

Für meine Seele leih mir Deine Flügel

Nach den „Engeln von Atlantis“ das zweite Buch über Engel von F.E. Eckard Strohm, in dem er seine Leser teilhaben läßt an seinem tiefen Wissen über Engel, ihr Wesen und ihre Kommunikation mit uns Menschen.

Sie finden Antworten auf Fragen wie: Engel – wer und was sind sie? Woher kommen sie, wie viele Engel gibt es und warum? Engel-Erscheinungen – Wahrheit oder Phantasie? Wie wirken die Schutzengel? Warum verehren wir die Engel? Und viele mehr.
Sie finden Gebete für den Alltag und zu besonderen Anlässen, Beispiele und Hilfestellungen für Anrufungen spezieller Engel für alltägliche Problemsituationen sowie Gebete zu den heiligen Engeln aus der Zeit der Essener bis heute – für viele Menschen eine Unterstützung in schweren Zeiten. Vielleicht auch für Sie?

ISBN 978-3-9810856-5-5